Hans A. de Boer

Gesegnete Unruhe

Das Bekenntnis eines frommen Provokateurs

Lamuv Taschenbuch 283

Bitte fordern Sie unser kostenloses Gesamtverzeichnis an:
Lamuv Verlag, Postfach 2605, D-37016 Göttingen
Telefax (0551) 41392, e-mail lamuv@t-online.de
www.lamuv.de

00 01 02 03 04   7 6 5 4 3 2 1

1. Auflage 1995
3. aktualisierte und ergänzte Taschenbuch-Auflage 2000
© Copyright Lamuv Verlag GmbH, Göttingen 1995, 2000
Alle Rechte vorbehalten

Umschlaggestaltung: Gerhard Steidl
unter Verwendung eines Fotos von Luis Velarde
Gesamtherstellung: Steidl, Göttingen
Printed in Germany
ISBN 3-88977-576-4

Inhalt

Die entscheidende Wendung
in meinem Leben

»Schlimmer ist nie ein Idealismus mißbraucht
worden als das Vertrauen der deutschen Jugend
von 1930.«   *Paul Sethe*

Ich habe für dieses Buch, mein fünftes und letztes, zehn
Jahre gebraucht, mußte viele Unterlagen sichten. Manche
Zeile ist unter Tränen geschrieben worden, war mir qual-
volle Erinnerung, anderes stellt ein offenes Geständnis dar.
Was ich zu Papier gebracht habe, ist keine große Literatur,
sind schon gar keine Heldengeschichten, nur der Bericht
eines fast 75jährigen Zeitzeugen. Ich will dazu ermutigen,
mehr gegen den Strom zu schwimmen. Wir müssen uns
aufmachen und die Welt ansehen, wie sie wirklich ist.

Mein reiches Elternhaus

Als ich 1925 in Hamburg zur Welt kam, hat der leitende
Arzt der Klinik an meine Wiege eine kleine, schwarz-weiß-
rote Fahne aus Papier gesteckt. Er soll zu meinen Eltern gesagt haben: »Sie haben wohl auch Reichspräsident Generalfeldmarschall von Hindenburg gewählt.« Ich hoffe, das es
nicht wahr ist. Aber wen sollte man in dieser schlimmen
Zeit des Hungers in den zwanziger Jahren auch schon wäh-
len?

Ich stamme aus einer wohlhabenden, großbürgerlichen
Kaufmannsfamilie. Wir hatten einen Chauffeur, der mit
einem Horch oder Maybach kam, und wohnten in einer
großzügigen dreigeschossigen Villa in Hamburg-Uhlen-
horst in der Adolphstraße: mit einem Herrenzimmer mit

Kamin, einem Damenzimmer mit Balkon, einem Musikzimmer mit Bechsteinflügel, einem herrlichen Wintergar-
ten mit Springbrunnen, Palmen und Kakteen, einem riesi-
gen Spielzimmer für meinen zwei Jahre älteren Bruder,
meine zwei Jahre jüngere Schwester und mich, einem großen Garten mit Rasen, Kastanien- und Obstbäumen ...
Schräg gegenüber lebte ein Mitinhaber der großen Hamburger Werft Blohm & Voss. Im Eßzimmer im Erdgeschoß
hatten wir eine große Anrichte. In ihr war eine Tür zum
Fahrstuhl, mit dem Essen und andere Dinge von der Küche
unten im Keller in andere Etagen des Hauses befördert werden konnten, zum Beispiel Wäsche ins »Plettzimmer« im
zweiten Stock.

Im großen Eingangsflur hing der Eiserne Kanzler Bismarck. In der Zeit des »Dritten Reiches« schenkte ein Nazi-
Gruppenleiter meinem Vater ein Hitler-Bild und hängte es
an die Stelle von Bismarck. Mein Vater tauschte das Bild
allerdings oft wieder aus.

Auf der großen Ledercouch im Flur saßen Leute, die etwas abgeben wollten, oder unsere Freunde, wenn sie auf
uns warteten, bevor wir Kinder aus unseren Zimmern run-
terkamen.

Jeder von uns dreien hatte ein Einzelzimmer. Im Neben-
zimmer im ersten Stock wohnte mein Bruder, mit dem ich
wenig zusammen war, mit dem ich mich aber um so häufi-
ger geschlagen habe. Er wurde – wie meine Schwester – in
einem privaten Internat erzogen. Ich war der einzige, der
seine gesamte Schulzeit in Hamburg verbrachte.

Im zweiten Stock hatte meine Schwester ein sehr schönes, ruhiges Zimmer mit Ausblick auf den Garten. Neben
dem schon erwähnten Bügelzimmer befand sich hier auch
ein Fremdenzimmer. Über einen kleinen Boden gelangte
man zu zwei weiteren Räumen, wo die beiden Hausangestellten wohnten, wovon eine zeitweilig als Gouvernante,
Kindererzieherin, angestellt war.

Für mich als junger Mensch war es ein schönes Haus und
wenigstens in den ersten Jahren meines Lebens auch ein

schönes Elternhaus, obwohl das Verhältnis meiner Eltern nie das beste war. Finanziell gab es bei uns keinerlei Schwierigkeiten, und unser Vater zeigte sich großzügig, obwohl er keinen verwöhnte.

Wir waren natürlich alle evangelisch getauft. In die Kirche ging man nicht, außer an den gewöhnlichen Feiertagen, vor allem Weihnachten. Das Elternhaus war agnostisch. Der Ordnung halber gingen wir in den Konfirmandenunterricht. Meistens schwänzte ich ihn. Der Pfarrer sagte, er wäre Mitglied der Bekennenden Kirche. Einen Satz gegen Hitler oder das »Dritte Reich« hörte ich im Konfirmandenunterricht nie, auch nicht vorsichtig angedeutet im Zwangsgottesdienst, den wir Konfirmanden besuchen mußten.

Mein Vater war ein Freimaurer. Er war Mitglied der großen Johannis-Loge und dort zeitweilig Meister vom Stuhl. Außerdem gehörte er den Schlaraffen an. Beides waren Männergesellschaften, die erste sehr stark religiös, wenn auch nicht christlich, die zweite sehr humorvoll. Die Ehefrauen durften an manchen Veranstaltungen teilnehmen.

Jugend in der Nazi-Zeit

Mein Vater war Stahlhelmer, und an meinem Fahrrad wehte ein schwarz-weiß-roter Wimpel mit dem Stahlhelm drauf. 1933 wurde der Stahlhelm aufgelöst, und mein Wimpel war weg. Der Jung-Stahlhelm, in dem ich Mitglied war, wurde ebenfalls aufgelöst und – wie andere Jugendgruppen – von Hitlers »Jungvolk« und der »Hitlerjugend« übernommen. Ich wurde in Hitlers »Deutschem Jungvolk« Pimpf. Mich begeisterten der Sport, das Zelten, das Lagerleben, die Sommerlager. Aber mein Vater sorgte dafür, daß kein Nazi-Wimpel an mein Fahrrad kam.

Ich wurde »Hordenführer«. Zehn Pimpfe hatte ich unter mir. Was ich beim »Jungvolk« zu hören bekam, interessierte meinen Vater sehr. Er fragte mich immer ab und korrigierte vorsichtig.

Damals schickten mich meine Eltern in ein Kindererholungsheim bei Oberstdorf im Allgäu. Der Leiter, ein guter Pädagoge, machte ähnlich vorsichtige Bemerkungen über »Hitlerjugend« und »Jungvolk« wie mein Vater.

Unvergeßlich ist für mich ein Haus schräg gegenüber von diesem Kinderheim. Dort wohnte im Sommer der »Stellvertreter des Führers«, Rudolf Heß. Uns wurde vom Heimleiter erzählt, daß Heß aus der Kirche ausgetreten sei, was auch stimmte. Vollkommen schizophren fanden wir damals schon, daß er ausgerechnet ein mehr als mannshohes Jesus-Kreuz an einem Winkel des Hauses hängen hatte, das auch noch »Herrgottswinkel« hieß.

Wenn wir nichts zu tun hatten, sprachen wir mit dem Personal, darunter auch mit dem Koch, und lernten, daß er jeweils eine Stunde vor dem Servieren des Essens alles selbst kosten mußte, und wenn er dann noch lebte, wurde die Mahlzeit Rudolf Heß serviert.

»Onkel Georg«, der Heimleiter, saß in den Sommerferien oft mit uns vor dem Radio, und wir hörten Berichte von der Olympiade 1936. Er sagte uns, daß Hitler eine Show abziehen würde; man würde in ganz Deutschland zur Zeit kein Anti-Juden-Plakat sehen.

Mein Vater war nie Mitglied der Nazi-Partei. Er war auch nie Widerständler. Er hatte große Schwierigkeiten, da er als Firmeninhaber eigentlich Parteigenosse sein mußte. Man kam überein, daß sein Prokurist Meyer-Ahrens der NSDAP beitrat, was er dann gegenüber meinem Vater oftmals ausnutzen konnte.

Die de Boers waren reich. Es wurden laute Feste mit vielen Leuten gefeiert. Es wurde getanzt, auch sogenannte »moderne« Tänze. Einer war der – mir unvergeßlich – Lambeth-Walk, etwas Importiertes aus dem »dekadenten England«. Für Hitler war das »entartete Kunst«.

Als ich zehn Jahre alt war, übte ich tagsüber diesen Tanz mit unserer Hausangestellten Maria. Bei einem Tanzabend im Hause meiner Eltern durfte ich um zwölf Uhr nachts aus dem Bett geholt werden und habe dann mit Maria im

Musikzimmer diesen Tanz vorgeführt. Es war, heute würde man sagen, klasse.

Erst mit 14 Jahren war mir in etwa klar, was in unserem »Dritten Reich« gespielt wurde, und ich sage bewußt, in unserem »Dritten Reich«, denn es war nicht nur unser Martin Niemöller und unser Dietrich Bonhoeffer und unser Ernst Thälmann und unser Konrad Adenauer oder – schon vorher – unser Goethe und unser Schiller, sondern es war auch unser Adolf Hitler, unser Heinrich Himmler, unser Adolf Eichmann, frei gewählt von unserem deutschen Volk.

Das Positive an meinem Vater war, obwohl er nicht einmal Abitur, nur die »mittlere Reife«, heute würde man sagen Realschule, geschafft hatte: Er hörte, was verboten war, ausländische Sender. Wir hatten ein Kofferradio, was übrigens damals so schwer war, daß es zwei Personen oben ins Dachzimmer tragen mußten. Wir schalteten BBC London ein. Natürlich durften wir nichts davon in der Schule erzählen. Das fanden wir spannend. Als wir nach Hause kamen und zu unserem Vater sagten, der Lehrer habe gesagt, daß Premierminister Churchill lüge, antwortete mein Vater, unvergeßlich für mich: »Ja, Churchill lügt, aber weniger als Goebbels.«

Viele Deutsche hätten hören können, was BBC berichtete. Die deutschen »Volksempfänger« waren zwar mit einer Plombe ausgestattet, so daß man ausländische Sender nicht empfangen konnte, aber wenn man wollte, konnte man die Plombe entfernen und nachher wieder einstecken. Wir konnten also als Deutsche informiert sein, und wenn wir Kinder glaubten, die BBC lüge über die Judenverhaftungen, dann sagte mein Vater immer: »Warten wir einmal ab, wenn irgend etwas über die Juden hier in Hamburg gesagt wird.«

Als das einmal geschah, fuhren wir in der nächsten Nacht in den Stadtteil Harvestehude und sahen in der Hallerstraße (später Ostmarkstraße), wie Juden aus Häusern herausgeholt wurden und teilweise aus den Fenstern sprangen.

Mir wurde bewußt, wie schlimm Juden behandelt wurden. Wir sahen als Zehn-, Elfjährige, daß Juden geschlagen wurden. Ich las an jüdischen Geschäften: »Kauft nicht beim jüdischen Schwein!«. »Juden nicht erwünscht!« hieß es auf der Nordseeinsel Borkum, wo wir jedes Jahr unsere Sommerferien verbrachten. Und jeden Abend wurde dort das »Borkum-Lied« gesungen: »Und wer dir naht mit platten Füßen, mit Haaren kraus, mit Nasen krumm, der darf nicht unsern Strand genießen, der muß hinaus, der muß hinaus.«

Meine Eltern, die nie bar bezahlten, immer »anschreiben« ließen und dann per Rechnung am Monatsende bezahlten, kauften nicht nur in Uhlenhorst, wo wir wohnten, ein, sondern auch in der Innenstadt, vor allem in dem Kaufhaus, das früher der jüdischen Firma Tietz gehörte und heute »Alsterhaus« heißt. Eines Tages veröffentlichten die Nazis in einem Schaukasten, in dem die Hetzblätter »Der Stürmer« und »Das Schwarze Korps« ausgehängt waren, den Namen meiner Eltern, daß sie weiter bei jüdischen Geschäften kauften. Doch solange die Geschäfte noch geöffnet waren, kauften mein Vater und meine Mutter dort ein, zahlten aber bar.

Nach dem Besuch der Grundschule kam ich in eine Privatschule. Ich war Mitglied in einem Segelclub und in einem Ruderclub. Eigentlich erst kurz vor meiner Einberufung zur Wehrmacht merkte ich, daß meine Sportkameraden alle wie ich aus sehr, sehr reichen Familien kamen. Die Jungen und Mädchen von den staatlichen Schulen nannten uns manchmal »Kinder von Schweinen«: von »Judenschweinen«, »Kommunistenschweinen«, »sozialdemokratischen Schweinen« und »Freimaurer-Schweinen«.

Als ich vierzehn Jahre alt war, bei Kriegsausbruch 1939, verschwanden plötzlich meine jüdischen Mitschüler. Ich erinnere mich noch an meine Freunde Heinz Haag und Peter Berlin-Biber. Zu sagen, daß wir jungen und alten Deutschen von all diesen Dingen nichts gewußt haben, ist einfach eine Lüge.

Ich machte die »Mittlere Reife«. Fürs Abitur reichte es bei mir nicht. Ich kam auf die Höhere Handelsschule, machte eine kaufmännische Lehre. Ein Klassenkamerad von mir war Ralph Giordano, Jude, einer der wenigen Überlebenden, der nach dem Krieg als Schriftsteller bekannt geworden ist. Wir hatten einen älteren Abiturienten unter uns, der HJ-Fähnleinführer war. Er verhielt sich als einziger, wenn ich mich recht erinnere, sehr arrogant Ralph gegenüber. Er ist später gefallen für, wie es hieß, »Führer, Volk und Vaterland« – wie die Hälfte der Klasse.

Um die »Hitlerjugend« drückte ich mich herum. Der Chef in der Lehrfirma, G. L. Gaiser (Hamburg), bescheinigte mir, daß ich Überstunden machen müsse. Die Lehre war lustig. Wir waren zu dritt. Ich war der jüngste. Und hier hatte ich meine erste sexuelle Begegnung mit einer Frau, einer mir vorgesetzten, verheirateten Abteilungsleiterin. Sehr zum Ärger meiner Eltern ging diese Beziehung über Jahre.

Die Luftangriffe der Amerikaner und Briten auf Hamburg raubten einem häufig nachts die Ruhe. Angst beherrschte den Alltag, Angst vor der Tatsache, daß man meinen Vater als Freimaurer ablehnte, Angst vor höheren HJ-Führern, Angst vor Bomben, Angst vor dem Krieg. Die Toten zu sehen, die aus den Trümmern nach Luftangriffen geholt wurden, machte mich ängstlich. Zu erleben, wie Juden verhaftet wurden, ebenfalls.

Als ich 16 Jahre alt war, wurde mein Bruder Soldat. Er diente in dem berühmten Afrika-Korps unter dem, wie die Amerikaner ihn nannten, »Desert Fox«, dem »Wüstenfuchs«, Generalfeldmarschall Rommel, der zu der Zeit ein gläubiger Generalfeldmarschall Adolf Hitlers war, später allerdings dann im Widerstand gegen Hitler Selbstmord verübte.

Mit 16 wurde ich zunehmend rebellischer

Ich schloß mich einer Gruppe von zumeist 15- bis 18jährigen an, die von der »Hitlerjugend« und den Nazis nichts wissen wollten. Wir stammten nicht aus Arbeiterkreisen, sondern waren alle Söhne und Töchter reicher Eltern, Gymnasiasten, Oberrealschüler, nur wenige waren wie ich kaufmännische Lehrlinge. Uns begeisterte die »entartete«, wie Hitler es nannte, »Nigger-Musik« (St. Louis Blues, Tiger Rag). Wir galten als »verwahrlost«. Man nannte uns die »Swing-Jugend«. Wir trugen Ruderclub- oder Segelclubjacken, die offiziell verboten waren, aber auch die wild aussehenden »Karo-Jacken«, die irgendwie aus England und Amerika hereingeschmuggelt und auf dem Schwarzmarkt gehandelt wurden. Jeder sollte sehen, daß in den Taschen ausländische Zeitungen steckten. Am Arm trugen wir als Kennzeichen einen langen, schwarzen Schirm aus England. Wir redeten uns mit englischen Spitznamen wie Jack, Boy oder Bill an. Wir hörten BBC London. Unsere Bandleaders waren Teddy Stauffer und Duke Ellington. Da wir keine öffentlichen Säle benutzen konnten, trafen wir uns zum Tanzen in den Villen unserer Eltern. Offiziell mußten wir Leute in der Schule und in der Firma mit »Heil Hitler« begrüßen, aber unter uns sagten wir einfach: »Swing high, swing low«.

Mein Lehrchef Rolf Brettschneider, Inhaber der Firma G. L. Gaiser, war ein strenger Parteigenosse. Er beschwerte sich nie über meine Arbeit, aber über mein Aussehen: zu lange Haare, zuviel Öl und Fett in den Haaren, dazu die langen »Karo-Jacken«. Obwohl unser Protest einfach lachhaft war, nahmen ihn die Nazis dennoch nicht einfach hin. Wir wußten, daß wir in Gefahr waren, machten uns aber keine Vorstellung davon, in welcher. Wir waren eben noch Jugendliche.

1941 richtete die Hamburger Gestapo-Leitstelle ein eigenes Dezernat zur Verfolgung der »Swing Boys« ein, das eng mit »Hitlerjugend«, Schulleitungen, Lehrern und sogar

Mitschülern zusammenarbeitete. Es kam zu Massenverhaftungen von Jugendlichen. Einige von meinen Kameraden kamen für längere Zeit ins Gefängnis in Hamburg-Fuhlsbüttel. Es wurde KOLAFU genannt – Konzentrationslager Fuhlsbüttel – und war natürlich nicht mit einem der großen KZ zu vergleichen.

Einer meiner Segelkameraden, Dirk Dubber, wurde mit 17 Jahren von der Gestapo verhaftet, nachdem sämtliche Briefe und englischen Schallplatten bei ihm beschlagnahmt worden waren. In Fuhlsbüttel wurde er schlimm zugerichtet. Er erschoß sich auf seinem Segelboot auf der Hamburger Außenalster. Sein Bruder Carsten und ich wurden nach dem Krieg Freunde. Die Gestapo notierte: »20. 9. 1942, tödlich verunglückt.«

Da viele Deutsche zur Wehrmacht eingezogen worden waren, hatte meine Lehrfirma viele Schweizer Staatsangehörige angestellt. Das waren teilweise üble Genossen. Ich vergesse einen Namen nie: Rindliesbacher. Jedesmal, wenn er in die Schweiz zurückfuhr, gab ich ihm Briefe mit, die er von dort aus an meine ehemaligen Klassenkameraden, die nach England und in die USA ausgewandert waren, schicken sollte. Direkt konnte man ja nicht schreiben. Wie ich nach dem Krieg erfahren habe, sind nur ein oder zwei Briefe angekommen.

Ich habe damals nicht gewußt, daß Rindliesbacher Mitglied des »Nationalsozialistischen Schweizer Bundes« war. Er hatte einige Briefe den deutschen Behörden übergeben. Obwohl ich nichts Politisches oder Kritisches über Deutschland geschrieben hatte, wurde ich mehrfach zum Gestapo-Hauptquartier in Hamburg an der Ecke Neuer Wall/Große Bleichen vorgeladen. Einmal bekam ich Wochenendkarzer. Schlimm war das nie, obwohl ich furchtbare Angst hatte. Das Schlimmste war, daß man mir und einigen anderen, die wegen Swing-Musik oder sonstigem dort saßen, ab und zu mit Lederhandschuhen ins Gesicht schlug.

Einige junge Männer im Alter von zirka 17 Jahren sind für mehrere Jahre ins Konzentrationslager gekommen. Die

Eltern wurden bestraft, wenn sie zugaben, daß sie von den »Taten« ihrer Kinder wußten. Oftmals wurden auch ihre Konten beschlagnahmt.

Einige Jugendliche wurden in das Jugend-KZ Moringen im südlichen Niedersachsen gesteckt, wo auch junge Ausländer interniert waren. Etliche mußten in den Rüstungsbetrieben in und um Moringen Zwangsarbeit leisten, manche bezahlten mit ihrem Leben. Im Sommer 1990 versammelten sich 40 Überlebende aus verschiedenen europäischen Ländern an diesem Ort des Leidens. Ich war als Gast dort. Die evangelische Kirchengemeinde in Moringen hatte 1986 für dieses Jugend-KZ einen Gedenkstein errichtet. Den Stadtvätern war das peinlich.

Wenige Leute in Deutschland – und das konnte ich nicht zuletzt als Lehrer erfahren – wissen heute von dieser Jugend-»Opposition« im »Dritten Reich«. Wir waren keine Widerständler, keine Helden. Wir wollten nur auf unsere Art und Weise nicht mitmachen. Wir waren übermütig, wie es viele junge Menschen in diesem Alter sind. Wir wollten individuelle Freiräume. Aber wir dachten auch politisch nach.

Es gab andere Jugendbewegungen, die mutiger als die »Swing-Jugend« waren, zum Beispiel die Arbeiterjugendbewegung in Hamburg oder die »Edelweißpiraten« an Rhein und Ruhr, vor allem aber auch der studentische Widerstand um die »Weiße Rose« und die oppositionelle bündische Jugend. Einen evangelischen oder katholischen Jugendprotest hat es jedoch kaum gegeben.

Ich wollte nicht Soldat werden

Ich war ein »Drückeberger«. Ich wollte auch nicht der Pflicht nachkommen, der alle meine Schulkameraden und Freunde nachkommen mußten, in den »Reichsarbeitsdienst« gehen. Mein Firmenchef, ich danke es ihm, erreichte, daß ich für einige Zeit zurückgestellt wurde. Das war sehr außergewöhnlich, denn eigentlich wurden nur Fachkräfte, die nicht zu ersetzen waren, von ihrer Dienstpflicht befreit. Und ich war nur ein kaufmännischer Lehrling.

Mit 17 Jahren ging ich in den Wirtschafts-Osteinsatz in das sogenannte »Generalgouvernement« (Polen) und verkaufte dort für meine »notleidende« Hamburger Exportfirma Waren, die vor Kriegsausbruch nach Afrika ausgeführt werden sollten. Ich arbeitete in Lemberg, damals und heute Lwov genannt, aber auch in Orten wie Cholm und Hrubieczow. Ich kam nach Kiew und Rowno.

Zuerst wohnte ich in einem kleinen Ort bei Lemberg. Die Dinge, die ich dort Tag und Nacht sah, haben mein ganzes Leben geprägt. Ich erlebte, wie Deutsche sich den Polen, nicht nur den Juden, gegenüber benahmen. Natürlich waren die Mitglieder der Waffen-SS die Schlimmsten, aber auch Soldaten der Nazi-Wehrmacht waren für Kriegsverbrechen verantwortlich. Davon zeugt die von Jan Philipp Reemtsma initiierte, äußerst wichtige Ausstellung »Vernichtungskrieg – Verbrechen der Wehrmacht 1941 bis 1944«, die ich an drei Orten miteröffnet habe. Sie kommt vier Jahrzehnte zu spät und wird augenblicklich überarbeitet, weil einige Fotos – wie sich herausgestellt hat – falsch beschriftet waren. Wo auch immer die Ausstellung gezeigt worden ist, hat sie heftige Diskussionen, ja Empörung und Krawalle ausgelöst. Selbst heute wollen viele nicht das wahrhaben, was objektiven Zeithistorikern seit langem bekannt ist und was ich selbst in Polen und der Ukraine erlebt habe. In dem kleinen Ort Kamionka-Strumilova bei Lemberg wurde ich Zeuge, wie Juden ihr eigenes Grab ausheben mußten. Danach wurden sie erschossen, fielen in das Grab, und andere Juden mußten es zuschaufeln. Wenn man so etwas selbst erlebt hat, noch dazu als so junger Mensch in der Entwicklung, dann vergißt man es nie, nie im Leben.

Obwohl ich damals noch nicht einmal 18 war, schämte ich mich, ein Deutscher zu sein.

Das kleine polnische Getto in meinem Dorf wie das größere in Lemberg waren schauerlich. Einer der SS-

Führer von Lemberg war der spätere Bundesminister der CDU und lange in der evangelischen Kirche aktive Oberländer.

In Lemberg wohnte ich in im dritten Stock eines Hauses gegenüber der Hauptpost. Im sogenannten »Deutschen Haus« nahm ich meine Mahlzeiten ein. Sie waren überreichlich – draußen vor der Tür die hungernden Polen, Männer, Frauen, Kinder. Immer wieder konnte ich beobachten, wie sie auf der Straße von uniformierten Wehrmachtsangehörigen geschlagen wurden, wenn sie ihnen keinen Platz machten. Es ist für mich heute noch immer unverständlich, daß es Leute gibt, die sagen: Nur die SS war brutal, die Wehrmacht-Soldaten haben sich wie Gentlemen benommen.

Auch aus meiner späteren Erfahrung als Soldat in Frankreich kann ich sagen, die Nazi-Wehrmacht hat selbst schwere Verbrechen begangen. Unglaublich, daß es nach dem Krieg noch Wehrmachtsoffiziere gab, die bei Partys und Gesellschaften das Eiserne Kreuz oder das Ritterkreuz haben tragen können. Ein Mitglied des Bundestages antwortete auf meine Frage, warum er es sich umhänge: »Gucken Sie doch genau hin, das Hakenkreuz im Ritterkreuz habe ich doch herausgefeilt.«

Mein Vater besuchte mich einmal in Lemberg. An den zwei Tagen wohnten wir beide im »Hotel Bristol«. Er kam aus der Ukraine und hatte ähnlich schaurige Dinge zu berichten. Er ermahnte mich, vorsichtig zu sein und meinen Mund zu halten.

Hier und da fälschte ich Taufscheine für Juden, weil ich gehört hatte, daß ein getaufter Jude ein Jahr oder eineinhalb Jahre später vergast werden würde. Ich war oft tagelang depressiv und dachte an Selbstmord. Ich kam mir heimatlos vor. Ich wollte nicht wieder nach Deutschland zurück. Aber wohin?

Meine dilettantische Arbeit als Urkundenfälscher blieb nicht lange unbemerkt. Als ich einen zuviel getrunken hatte, erzählte ich einem vermeintlichen Freund davon.

Der entpuppte sich als Nazi-Spitzel. Ich wurde eingesperrt und habe es mit Sicherheit meinem jugendlichen Alter zu verdanken – ich war ja gerade erst 18 –, daß man mich nicht gleich an die Wand stellte. Man gab sich schließlich damit zufrieden, mich fürchterlich zusammenzuschlagen und mir einen Fußnagel herauszureißen. Ich sollte ja keinen Arzt aufsuchen und von alledem nichts erzählen, gab man mir mit auf den Heimweg.

Als ich zu Hause in Deutschland ankam, wußte mein Vater bereits Bescheid. Es ging bei ihm ein ehemaliger General ein und aus, den Hitler rausgeschmissen hatte. Er hieß von Blomberg. Mein Vater kannte ihn aus der Stahlhelm-Zeit. Er sagte in meinem Beisein zu meinem Vater: »Ihr Sohn muß raus, schnell weg von hier. Wehrmacht ist noch das geringste Übel.«

Als Gefreiter in Frankreich

Ich versteckte mich in einem abgelegenen Jagdhaus meines Vaters. Doch zwei Tage später standen die »Kettenhunde«, wie die Nazi-Feldjäger genannt wurden, vor der Tür. Ich mußte in das 9. Bespannte Artillerie-Regiment in Itzehoe einrücken. Hans de Boer und Pferde, undenkbar. Ich mußte mich als Reserveoffizier bewerben, stellte mich aber bewußt dumm, so daß ich gewöhnlicher Soldat, später Gefreiter blieb. Einmal wurde ich eingesperrt: wegen irgendwelcher Anti-Nazi-Witze.

Drei Jahre nach dem Überfall der deutschen Truppen auf Frankreich wurde ich zu einer Nachrichteneinheit dorthin versetzt. Ich mußte Leitungen legen, funken, morsen und telefonieren. Die Kameraden und die Offiziere waren weniger stramme Nazis als bei der Artillerie. Man konnte stets »Radio Calais« hören, einen Sender der Engländer für deutsche Soldaten, aber auch BBC und andere englische Runkfunkstationen.

Das Beste war, daß ich an meinem Stöpselapparat in der Telefonzentrale alle Gespräche mithören konnte, auch zwischen Generalstabsmitgliedern, was natürlich streng verboten war. Ich mußte alles vermitteln, und somit wußte ich, wer mit wem worüber sprach. Illegalerweise wurden nicht nur Privatgespräche nach Deutschland geführt, sondern auch Telefonate mit Prostituierten in Paris.

In unserer Freizeit mußten wir immer zu zweit ausgehen, mit Gewehr. Viele meiner Wehrmachtskollegen benahmen sich wie Schweine. Wenn sie besoffen waren, schossen sie große Weinfässer auf Zügen leck und zapften sich ein paar Flaschen ab. Die restlichen Hunderte von Litern flossen in den Boden.

Ich mußte eine Dienstreise nach Augsburg machen, um ein Funkgerät zu holen. Ich fälschte und verlängerte meine Papiere und besuchte meine Mutter, die im damaligen »Sudetengau« in der Tschechoslowakei als »Ausgebombte« lebte. Während meines dreitägigen Aufenthaltes hörte ich, was die deutschen Truppen dort nach ihrem Einmarsch an Mord und Totschlag, an Beschlagnahmen von Wohnungen angerichtet hatten. Der deutsche Reichskommissar Heydrich ist ein Massenmörder gewesen.

Nach meiner Rückkehr nach Südfrankreich, südlich von Bordeaux, haben ein Kamerad und ich Kontakt zu Franzosen aufgenommen. Eigentlich wollten wir nur ein wenig Französisch lernen. Unseren Bekannten gegenüber waren wir recht offen, sagten, daß wir es bedauerten, daß Krieg sei. Wir merkten bald, daß einige dieser Franzosen zur »Resistance«, der französischen Widerstandsbewegung, gehörten.

Wir hatten nur einen Wunsch: Der Krieg muß bald zu Ende sein, und Deutschland darf ihn nicht gewinnen.

Mein Kamerad und ich versuchten immer wieder, Zukker in die Tanks der deutschen Wehrmachtsfahrzeuge zu schütten. Wir gerieten in Verdacht, kamen im Juli 1944 in Untersuchungshaft, ich bei der Truppe im nächsten großen Ort, mein Kamerad in Bordeaux.

Ich konnte mein Leben retten, weil ich einen Onkel hatte, der als Hafenkommandant in der großen Stadt Bayonne-

Biarritz stationiert war, Korvettenkapitän Hans Menke. Er kam und sprach mit meinem Kommandeur. Was sie beredeten, weiß ich nicht. Wenn auch in Haft, so blieb ich doch bei meiner Einheit. In solchen Fällen war das besonders wichtig.

Die 3. Armee des, wie man ihn nannte, »preußischen« US-Generals Patton landete im Sommer 1944 in Nordfrankreich. Ich sprang an die Decke. Ich wurde vorübergehend aus der Haft entlassen, um beim Rückzug zu helfen, denn wir sollten mit unserer Einheit vor den Amerikanern Deutschland erreichen. Da sollte mich dann eine Strafe erwarten.

Arbeit für den US-Geheimdienst CIC

Nach zirka drei Wochen hörten wir, daß die Amerikaner uns bereits den Weg abgeschnitten hatten. Unser General verabschiedete sich, kurz bevor wir gefangengenommen wurden, über die Funkanlage mit den Sätzen: »Der Krieg ist aus für uns. Die Gefangenschaft steht bevor. Ich habe als Offizier verantwortungslos gehandelt, aber ich bilde mir ein, nach diesem Kriege 50000 gesunde Männer ihren Frauen und Eltern zurückzugeben.« Ich fand das mutig.

Da man mir meine Dienstgrad-Zeichen als Gefreiter abgerissen und im Soldbuch meine Degradierung vermerkt hatte, wurde ich gleich nach der Gefangennahme durch die Amerikaner ausgesondert und erhielt eine besondere Behandlung, die allerdings nicht viel besser war als die der Masse der anderen deutschen Soldaten.

Aus einem Gefangenenlager in Orleans wurden wir in ein anderes in die Nähe von Antwerpen in Belgien verlegt. Aufgrund meiner Englischkenntnisse landete ich auf einer Schreibstube und wurde einige Tage später vom US-Lagerkommandanten, Hauptmann Albert S. Nathan, gefragt, ob ich bis zum Kriegsende bei einer Art geheimdienstlicher Tätigkeit mitarbeiten wollte. Wir sprachen über meine Vergangenheit bei der Wehrmacht, aber auch über die Zeit davor. Nathan war Jude, und ich wundere mich eigentlich, daß er mich und all die anderen nicht sofort hat erschießen lassen. Er arbeitete für den militärischen Geheimdienst CIC, das Counter Intelligence Corps.

Ich hielt mich meist in unserem Gefangenenlager auf, in dem sich überwiegend Unteroffiziere und Mannschaftsdienstgrade befanden. Oft wurde ich in das Nachbarlager der Offiziere gebracht. Sie waren teilweise in der großen Hitlerischen Ardennenoffensive 1944 gefangengenommen worden, und meine Aufgabe war, sie auszuhorchen. Teilweise wurde das mit Hilfe von Alkohol gemacht.

Für meine Arbeit erhielt ich etwas besseres Essen, ab und zu ein Glas Alkohol – und die Zusage, wenn der Krieg zu Ende sei, würde ich als einer der ersten nicht-jüdischen Deutschen entlassen werden.

Ich habe mich in der Armeekantine sehr gut mit den US-Soldaten aller Dienstgrade verstanden. Ich war ein begeisterter Anhänger des amerikanischen Jazz und ein Fan von Bing Crosby, Frank Sinatra, Duke Ellington, aber vor allem auch von Glenn Miller. Einmal gaben die Amerikaner mir sogar eine Army-Uniform, um an einer Art Ball teilzunehmen.

In der Zeit der Gefangenschaft traf ich Menschen, die ohne Waffen hinter den Truppen irgend etwas »Gutes« taten. Diese US-Kriegsdienstverweigerer waren Mitglieder der drei sogenannten historischen Friedenskirchen, der Mennoniten, der Quäker und der Church of the Brethren (nicht zu verwechseln mit unserer Brüderkirche). Ihr Handeln, ihre pazifistische Einstellung überzeugten mich. Ich habe mir damals geschworen, wenn du jemals aus diesem Krieg rauskommst, wirst du nie wieder auf dieser Welt zu Unrecht schweigen. Ich wollte aus den erschütternden Erfahrungen des Krieges Konsequenzen ziehen, bekannte mich bewußt zu Christus – eine entscheidende Wendung in meinem Leben.

Noch vor dem Zusammenbruch und der Befreiung Deutschlands war es mir möglich, von einem amerikanischen Armeetelefon über die deutsch-amerikanischen Linien hinweg ein Gespräch nach Hamburg zu führen. Ich kam auch durch, erreichte meinen Vater. Ich hatte nie gedacht, daß so etwas möglich ist.

Als man mich Mitte 1945 nach Hause schicken wollte, wußte keiner wie, denn alles war zerstört; es gab keine Eisenbahn, die funktionierte. Man kam nur mit Fahrzeugen der amerikanischen Armee durch. Unser Telefon in Hamburg war noch intakt, und so habe ich mehrfach auch nach Kriegsende noch von Antwerpen aus anrufen können.

Vages Erinnern, präzises Vergessen

Der 8. Mai 1945 war für mich nicht das Ende des verlorenen Krieges, sondern der Tag der Befreiung. Nur wenige Deutsche empfinden das bis heute so. Befreit vom Nazi-Regime, befreit von einem krankhaften Soldatentum, befreit von einer verbrecherischen Industrie und Wirtschaft. Wieviel mehr Befreiung war es dann für die überlebenden Juden, Sozialdemokraten, Kommunisten, Sinti, Roma, Jehovas Zeugen und anderen von uns Deutschen Verfolgten.

Anfang 1946 war ich wieder zu Hause. Unsere Villa war weg und damit alles, was ich besessen hatte. Deutschland war zerstört, vor allem die Großstädte. Die Bevölkerung hungerte. Wir klauten Kohlen, montierten die Holzbänke an der Alster in Hamburg ab und verheizten sie. Sehr viele meiner Schulkameraden waren gefallen oder galten als vermißt. Einen traf ich wieder, dem beide Beine abgeschossen waren, einem weiteren fehlte ein Arm und an der anderen Hand die Finger. Aber was ist das gegen all das furchtbare Unrecht, das wir Deutschen Millionen und Abermillionen Menschen in Ost- und Westeuropa zugefügt haben.

Da mein Vater nicht Mitglied der NSDAP gewesen war, durfte er sofort nach dem Krieg seine Firma wieder aufmachen. Wir wohnten in Uhlenhorst in einem für die damaligen Verhältnisse wirklich luxuriösen Haus. Wir bekamen, während der Rest der deutschen Bevölkerung hungerte, aus den USA so viele Care-Pakete, daß wir viele Lebensmittel weitergeben konnten. Das Guthaben meines Vaters in den Vereinigten Staaten war nicht beschlagnahmt worden, da ein Patenonkel von mir das Geld auf sein Konto genommen hatte.

Die Entnazifizierung war bekanntlich lasch. Einige Leute erhielten für ein paar Monate oder ein Jahr Berufsverbot. Andere kamen ins Lager, aber auch nur kurz. Den Hauptkriegsverbrechern wurde in Nürnberg der Prozeß gemacht, manche von ihnen hingerichtet. Es waren allerdings nur sehr wenige, wenn man an die Verbrecherschar denkt, die es bei Wehrmacht und SS gegeben hatte. Die Industrie- und Wirtschaftsführer kriegten ein paar Jahre, wurden dann durch die Amerikaner begnadigt, weil man die Industrie im Kalten Krieg gegen die Sowjetunion, gegen den »Weltbolschewismus« brauchte. Viele Nazis in Staat, Kirche und Wirtschaft waren wenige Jahre nach dem Krieg – Wendehälse – wieder in ihren Positionen. Der erste Bundeskanzler Konrad Adenauer – Hut ab vor seiner Haltung 1933 bei der Machtergreifung durch Hitler – beschäftigte zwei Nazis als Bundesminister und einen Nazi als seinen Staatssekretär. – Wir hatten nichts gelernt. Für meine Generation gilt: vages Erinnern und präzises Vergessen. Doch, wie hatte schon Alexander von Humboldt gesagt: »Ein Volk, das keine Vergangenheit haben will, verdient auch keine Zukunft.«

Gleiches gilt für die Kirchen: Sie hatten, evangelisch wie katholisch, in der Mehrheit auf der Seite Adolf Hitlers gestanden. Nach dem Krieg setzten sie sich, vor allem der Vatikan, für alte Nazis, darunter auch Massenmörder, ein und erreichten, daß diese mit kirchlicher Hilfe nach Südamerika fliehen konnten, teilweise mit von kirchlichen Stellen ausgestellten falschen Pässen.

Wir hatten vor den Toren Hamburgs ein Konzentrationslager: Neuengamme. Nach dem Krieg habe ich es besucht. Ich habe Dokumente studiert, nicht nur darüber, wie die Menschen dort gequält und getötet wurden, sondern auch, wie die deutsche Wirtschaft an den KZs verdient hat. Die meisten Firmen gibt es noch heute.

Wenn meine Generation vor 50 Jahren ihre Pflicht getan hätte, wären die Entschädigungen an die Sklavenarbeiter längst bezahlt worden. Noch immer weigern sich namhafte Firmen mit Millionen- und Milliardenumsätzen, einige Mark und Pfennige an die noch lebenden Opfer, deren Arbeitskraft ihre Unternehmen schamlos ausgebeutet haben, zu zahlen. Ob die versprochenen fünf Milliarden Mark von der deutschen Wirtschaft überhaupt zur Verfügung gestellt werden, ist fraglich. Wie lange soll das ganze erbärmliche Gerangel weitergehen – bis der letzte Geschädigte tot ist? Erste Auszahlungen – es sind nicht mehr als Almosen – erwartet man frühestens Ende 2000.

Daß sich unsere Großkirchen nach dem Krieg für die Entschädigung der Überlebenden des Nazi-Terrors so wenig eingesetzt haben, zeigt ihr Versagen – und wie sehr sie selbst mit dem Nazi-Regime verstrickt waren.

Ich schloß mich nach dem Krieg in Hamburg der evangelischen Kirche und dem pietistischen Christlichen Verein Junger Männer (heute: Menschen, kurz: CVJM) an, in dessen Vorstand ich vorübergehend war. Wir wanderten, sangen, tauschten Dinge auf dem Schwarzmarkt, um für die, die nichts hatten, Lebensmittel zu bekommen. Als Mitarbeiter des unvergessenen Pastors Klinkott kümmerte ich mich einmal im Monat um die Insassen des Jugendgefängnisses auf der Elbinsel Hanhöfer Sand.

Mein Playboy-Dasein

Ich arbeitete in der Firma meines Vaters. Das Verhältnis zwischen Vater und Sohn war nie gut, aber wir respektierten uns gegenseitig. Er war ein sehr genauer Mann und morgens meist der erste im Büro. Materiell gesehen ging es mir im Gegensatz zu den allermeisten blendend. Ich führte geradezu ein Playboy-Dasein, keine 25 Jahre alt. Ich lebte in einer sehr schönen Villa in Hamburg-Eppendorf.

Mir stand ein fahrbarer Untersatz zur Verfügung. Ich liebte Tanzturniere und ruderte.

Vier Jahre Kaufmann, zunächst Abteilungsleiter, dann Prokurist in der Firma meines Vaters, waren einfach genug. Und die alten Nazis krochen alle wieder aus ihren Löchern heraus. Das war nicht das Deutschland, was ich mir 1945 vorgestellt hatte. Ich ging für die Firma meines Vaters nach Südwestafrika, das heutige Namibia, früher deutsche Kolonie, um Wolle, Häute und Erze einzukaufen.

Der Beginn einer langen Reise

Mein Playboy-Leben mit einem gewissen Egoismus und Individualismus hatte sehr schnell ein Ende, als ich 1950 nach Omaruru in Südwestafrika kam. Ich habe davon in meinem Buch »Unterwegs notiert«, das 1956 erschienen ist, berichtet: »Noch ahne ich nichts davon, daß mich eben dieses Land so gefangennehmen soll, daß ich nicht mehr loskomme von seinen Fragen, Nöten und Problemen. Noch weiß ich nicht, daß Omaruru zum Ausgangspunkt für eine Reise werden soll, die mich über vier Jahre lang um die Welt führen wird, eine Reise auf den Spuren der Gewalttat und Unterdrückung des farbigen Menschen durch jene Weißen, die sich Christen nennen. Hier in Südwestafrika sollten mir zum erstenmal im Leben die Augen aufgehen über die Ungerechtigkeit, mit der der weiße Mann dem Farbigen in der Welt begegnet.«

In Südwestafrika fühlte ich mich um Jahre zurückversetzt: Die deutschstämmige Bevölkerung verherrlichte Nazi-Zeit und Kaiserreich. Sie hatte keine Vorstellung von dem Wahnsinn der letzten Jahre. Bittere Worte fielen über Menschen, die im Widerstand gegen das NS-Regime gewesen waren, über die »Bekennende Kirche«. Aber ich konnte sprechen als einer, der mitgestritten hatte, der die grausame Wirklichkeit der Heimatfront, des Schlachtfeldes und der Straflager am eigenen Leibe erfahren hatte.

Mein erstes Weihnachtsfest ohne Schnee, ohne Tannenbaum und fern von den Lieben: Ich besuchte einen Gottesdienst, in dem in deutscher Sprache »Stille Nacht, heilige Nacht« und »Es ist ein Ros' entsprungen« gesungen wurde, und der Pfarrer, ein Missionar der Rheinischen Mission, auf deutsch die Predigt hielt. »Friede auf Erden«, aber in

Korea tobte ein neuer Krieg, in Deutschland wurde über die Wiederaufrüstung diskutiert. Ich schrieb: »Ich möchte verzweifeln. Und in diesem Augenblick geschieht es, daß mir für eine Sekunde der Gedanke kommt: Sollst du überhaupt jemals zu denen zurückkehren, die nichts gelernt haben oder nichts lernen wollen? Solltest du nicht alle jene jungen Menschen in Deutschland, denen bisher die Uniform erspart geblieben ist, auffordern, die Heimat zu verlassen, damit sie nicht, wie wir, in ein Chaos gestürzt werden, für das sie nicht verantwortlich sind; daß sie nicht auf den Bruder zu schießen brauchen, was sie doch in Wahrheit nicht wollen?«

Ich lernte ein für mich rätselhaftes Afrika kennen. Ich fuhr durch das heutige Namibia, dessen Bewohner – Schwarze wie Weiße – mir langsam vertraut wurden. Je mehr ich über das Land erfuhr, um so weniger konnte ich so weitermachen wie bisher. Als weißer Kaufmann habe ich von Montag bis Samstag die Schwarzen betrogen, und sonntags bin ich in die Kirche gegangen und habe Gott um Vergebung gebeten.

Ich begann zu verstehen, warum sich die Schwarzen gegen die Weißen auflehnen. Sie verlangen das zurück, was ihnen die Kolonialherren und die christlich-abendländischen Kaufleute unter Anwendung von Gewalt oder mit üblen Tricks jahrhundertelang gestohlen haben.

Eines Tages spürte ich: Ein kapitalistischer Kaufmann kann kein Christ sein. Ein Christ kann nur Sozialist sein.

Ich schrieb meinem Vater und kündigte ihm die Mitarbeit auf. Er hatte für meine Motive keinerlei Verständnis. Wir verkrachten uns auf ewige Zeiten. Schade nur, daß er mich enterbte. Ich hätte die gewiß stattliche Summe meinen Handels-»Partnern« in Südwestafrika gern als Wiedergutmachung zukommen lassen.

Begegnung mit der Apartheid in Südafrika

1951 machte ich mich nach Südafrika auf. Ich wollte die Menschen dort kennenlernen, die Verhältnisse studieren.

Meine Ersparnisse schrumpften von Tag zu Tag. Ich wollte schon nach Deutschland zurückkehren, doch dann bekam ich in Johannesburg einen Job als Lagerarbeiter. Mit meinen schwarzen Kollegen durfte ich bei der Arbeit nicht sprechen, genausowenig in den Pausen gemeinsam essen. Mit Hilfe des YMCA (Young Men's Christian Association – CVJM) konnte ich ein paarmal an Gottesdiensten und kirchlichen Veranstaltungen in schwarzen Vierteln teilnehmen, aber mir wurde nie erlaubt, die Wohnung eines Schwarzen zu betreten. Ich notierte damals: »Also komme ich auch hier nicht weiter und beginne langsam zu ahnen, daß es leichter ist, in Europa ein gekröntes Haupt zu besuchen, als in Südafrika in die Wohnung eines Schwarzen zu gelangen. Die Apartheid-Politik ist mit einer derartigen Konsequenz verwirklicht, daß die Trennung zwischen Schwarz und Weiß eine absolute ist. Die Kluft scheint unüberbrückbar...«

Ich wollte auf eigene Faust mit Schwarzen Kontakt aufnehmen, besuchte verbotenerweise ihre Viertel, in denen ein unvorstellbares Elend herrschte. Täglich wurde ich Zeuge von Mißhandlungen an Schwarzen. Wie viele Tausende ging ich morgens zur Arbeit und kam abends müde und zerschlagen in meine vier Wände zurück. »Aber wenn ich mich heute an jene Zeit zurückerinnere«, schrieb ich Mitte der fünfziger Jahre, »dann merke ich, wie ich gerade die wenigen Stunden, die mir neben meinem Dienst blieben, im Gedächtnis behalten habe. Jene Stunden, in denen ich bemüht war, das Land kennenzulernen, seine Probleme und Nöte so zu sehen, wie sie der Schwarze sehen muß, unablässig fragend, forschend und suchend. In diesen Stunden, die mich in die Schwarzenviertel führten, in die Vorstädte Johannesburgs, auf die Minen und in die Elendsbaracken, in diesen Stunden bin ich den Nöten der Schwarzen nahegekommen.

In diesen Stunden habe ich verstanden, was sie bedrückt und was ihnen am Herzen liegt, und habe mich geschämt für meine weißen, christlichen Brüder.«

Ich stieg in der Firma, in der ich als Lagerarbeiter angefangen hatte, auf, kam in den Außendienst, reparierte Kühlschränke, konnte Geld sparen, schmiedete Reisepläne. Da erreichte mich überraschend ein Brief der CVJM-Zentralstelle in Deutschland, mit der ich in regelmäßigem Kontakt stand. Sie wollte mich als Vertreter auf die dritte Weltkonferenz der Christlichen Jugend nach Travancore in Indien schicken. Doch zuvor ging ein langgehegter Wunsch für mich in Erfüllung. Manilal Gandhi lud mich und Nelson Mandela 1952 für einige Tage auf seine Farm Phoenix bei Durban ein.

Manilal Gandhi:
Gewaltlos Rassenschranken durchbrechen

Voll gespannter Erwartung traf ich den Mann, von dessen Vater Mahatma die ganze Welt sprach. Manilal, der sein ganzes Leben in den Dienst der Friedensarbeit und gegen die menschenverachtende Apartheid gestellt hat, faszinierte mich.»Sehen Sie«, sagte er zu mir,»wieviel Gemeinsames findet sich doch in allen Religionen. Warum soll ich als Hindu nicht die Lehren Jesu mit großem Ernst studieren und anhören?« Auf meine Frage, was ihn daran hindere, Christ zu werden, erwiderte er: »Nein, das Christentum verlangt mehr, als nur die Lehre Jesu anzuhören und ihr nachzuleben. Es verlangt, daß ich ihn als den Sohn Gottes und einzigen Erlöser anerkenne, und das kann ich nicht. Ich bin ein Hindu, und eines der obersten Gebote des Hinduismus ist Toleranz und Anerkennung des anderen. Das ist es übrigens, was mich an den Christen so stört: die Intoleranz, fast möchte ich sagen Arroganz.«

Die Unterdrücker – nicht nur – im südlichen Afrika nannten sich Christen. »Warum leben sie nicht das vor, was sie predigen?« fragte mich Gandhi. Und wieder erlebte ich einen jener Augenblicke, in denen ich beschämt den Kopf senken muß für uns Christen.

Wie es um die Haltung der weißen Christen in Südafrika steht, das erfuhr ich bei den morgendlichen Spaziergängen, bei denen ich Gandhi begleiten durfte: Er, als »Inder« ein Mensch zweiter Klasse, durchbrach immer wieder die Rassenschranken, setzte sich auf für Weiße bestimmte Parkbänke, benutzte Eisenbahnabteile, »For Whites only«, landete deshalb im Gefängnis. »Es ist kein Kampf«, erklärte er mir, »es ist eine Art gewaltlosen Widerstandes, denn die Hindu-Religion basiert auf ›ahimsa‹, das heißt Gewaltlosigkeit.«

Später sprach ich mit Gandhi über meine Pläne, nach Indien zu reisen, zeigte ihm stolz meine Einladung zur Weltkonferenz der Christlichen Jugend. Er gab mir auf den Weg: »Sie haben Südafrika gesehen, und Sie kennen die Nöte dieses Landes, Sie werden nun Indien sehen. Leid und Not werden Ihnen nicht erspart bleiben, aber denken Sie immer daran, daß wir noch auf dem Weg sind. Und wenn Sie wieder nach Europa zurückkehren, dann erzählen Sie dort, was Sie gesehen haben, das Gute und das Böse. Immer aber müssen Sie sich um Gerechtigkeit bemühen.«

Am letzten Tag meines Aufenthalts in Südafrika brachte mich Manilal Gandhi mit seinem Wagen ans Schiff, das mich auf dem Weg nach Indien zunächst nach Mombasa in Kenia bringen sollte, wo sich die Mau-Mau-Bewegung gegen die britische Kolonialherrschaft erhoben hatte.

Mau-Mau:
Gewaltsam gegen die koloniale Unterdrückung

Ich wollte mit den Anführern der Mau-Mau sprechen. »Wollen Sie in den Tod gehen?« erwiderten meine weißen Gesprächspartner. Das wollte ich nicht. Trotzdem machte ich mich auf eigene Faust zu Fuß in das von den Mau-Mau kontrollierte Gebiet auf, nachdem ich zuvor einen amerikanischen Quäker, der seit zwei Jahrzehnten »zwischen den

Fronten« arbeitete, um Unterstützung für das Vorhaben gebeten hatte. Und ich wurde bereits erwartet, zu einem hochaufgewachsenen Schwarzen geführt.

»Was hat Sie zu uns geführt?« wollte er wissen.

Ich bin Christ, erklärte ich ihm, und ich kam nach Afrika, weil meine Firma mich aus geschäftlichen Gründen herüberschickte. Ich kam, um Handel zu treiben, aber ich habe dabei Dinge gesehen, die mich als Kaufmann zwar hätten unberührt lassen können, die mich als Christ jedoch bewegten. Darum habe ich mich von diesem Land trennen können, nicht trennen wollen, bevor ich nicht die ganze Wahrheit erfahren habe über das, was in diesem Lande vorgeht. »Verstehen Sie mich«, sagte ich ihm weiter, »ich komme aus Europa, das den schrecklichsten Krieg seit Menschengedenken hinter sich hat. Als Christ lehne ich jede Gewalt ab. Heute kann ein Christ es nicht mit seinem Glauben ernst meinen und zugleich Waffen schmieden, die er gegen seinen Bruder verwenden will. Christen gibt es in allen Völkern, und wenn sich die Christen weigern, eine Waffe anzurühren, wer soll dann noch einen Krieg führen? Und nun komme ich nach Afrika und begegne neuer Gewaltanwendung, Gewalt gegen den Bruder, Ungerechtigkeit gegen denjenigen, der keine andere Schuld hat als die, mit einer anderen Hautfarbe geboren zu sein, und ich habe mich gefragt: Darf ich als Christ dazu schweigen? Als ich nach Kenia kam, da sagte man mir, daß die Gewaltanwendung das einzige Mittel sei, sich selbst zu schützen. Aber ich war mißtrauisch geworden durch all meine Erfahrungen und hatte gelernt, daß ich nur da ein wahres Urteil fällen konnte, wo ich zuvor beide Seiten gehört hatte. Und darum komme ich zu Ihnen. Wenn ich nach Europa zurückkehre, dann wird man mich fragen nach dem, was ich erlebt habe, und dann muß ich die Wahrheit sagen, die volle Wahrheit. Das kann ich nicht, wenn ich nur mit Weißen in Afrika gesprochen habe, das kann ich nur dann, wenn ich auch Ihre Stimme gehört habe zu dem, was sich hier abspielt. Das ist der Grund meines Kommens. Ich komme nicht als Deutscher oder Weißer, ich komme als Christ.«

Gewaltlosigkeit sei keine Lösung, erklärte er mir. Der bewaffnete Kampf gegen die unterdrückerische britische Kolonialmacht sei ihnen aufgezwungen worden. Mir wurde im dreistündigen Gespräch schmerzlich bewußt: Hier hat Gewalt Gegengewalt erzeugt. Doch Lösungen sind möglich, und zwar unter einer Voraussetzung: Die Weißen müssen auf die Vorrechte verzichten, die sie sich selbst eingeräumt haben.

Zum Abschied sagte mir der Mau-Mau-Führer: »Glauben Sie mir, wir lieben unsere Heimat, dieses Land, das man uns genommen hat und in dem man uns gefangenhält wie Sklaven. Aber es wird der Tag kommen, an dem wir wieder in Freiheit auf dem Boden leben werden, der unseren Vätern gehört hat. Wir wollen die Weißen nicht vertreiben, wir wollen mit ihnen als Gleichberechtigte zusammen leben und zusammen arbeiten.«

»Sie können nicht wie ein Inder leben«

Von Mombasa in Kenia ging die Schiffsreise weiter über Goa nach Bombay in ein Land, das 1947 seine Unabhängigkeit von Großbritannien erkämpft hatte.

Ich besuchte Devedas Gandhi, den Direktor der großen und einflußreichen Zeitung »Hindustan Times«, dem ich von seinem Bruder Manilal Grüße überbringen sollte. Er zeigte mir die wenigen Habseligkeiten, die ihm sein Vater hinterlassen hatte: zwei Paar Sandalen, zwei Eßnäpfe mit zwei hölzernen Löffeln, eine Brille und eine Taschenuhr, Tintenfaß und Brieföffner, eine Nachbildung der bekannte Statuette der drei weisen Affen, einen Rosenkranz, ein Gesangbuch und die Bhagavad Gita. Er führte mich zum heiligsten Ort Indiens, Raj Ghat, wo der Leichnam Mahatma Gandhis verbrannt worden war, zur Jama Masjid, der größten Moschee der Muslime in Indien, zum Roten Fort, wo es einen blutigen Kampf mit den Engländern gegeben hatte... Devedas erzählte mir das Leben seines Vaters.

Ich begegnete Mahatmas einstigem Sekretär, Pyarelal, dem ich – wie schon Manilal – die Frage stellte, warum der große Mann Indiens, der das Christentum und die Lehre Jesu studiert hatte, nicht selbst bereit gewesen war, ein Christ zu werden.

»Mahatma sagte, ein jeder müsse das, was er ist, ganz sein. Zum Hindu sagte er: ›Sei ein ganzer Hindu‹, und zum Christen: ›Sei ein ganzer Christ‹. Wer seinen Glauben lebt, der muß es mit ganzem Herzen und in dem Bemühen steter Wahrheit und Wahrhaftigkeit tun, dann wird sein Leben gesegnet sein. Mahatma sagte nicht: Gott ist die Wahrheit, sondern er sagte: Die Wahrheit ist Gott. Wo immer ihr nach Wahrheit strebt, da strebt ihr nach Gott. Es kommt nicht darauf an, welchen Weg ihr zu Gott geht, den der Christen oder den der Hindus, sondern es kommt darauf an, wie ihr diesen Weg geht, ob in der Lauterkeit der Seele oder in Sündhaftigkeit. Vor allem aber muß jeder, der seinen Weg zu Gott eingeschlagen hat, um Reinheit und Wahrhaftigkeit ringen, sonst wird er nie am Ziel ankommen. Aber die Wahrheit können wir nur durch ›ahisma‹, das heißt durch Liebe, Güte und Ablehnung aller Gewalt erkennen.«

In Indien wurde ich mit dem Heer der Heimatlosen, der Kastenlosen, der Unberührbaren oder Parias konfrontiert – mit jenen Menschen, die kein Dach über dem Kopf und kein Eigentum außer einem zerlumpten Stück Leinwand besitzen, bekleidet mit einem schmutzigen Fetzen, den sie um die Hüften geschlungen haben, Menschen, die am Morgen nicht wissen, ob sie am Abend satt werden, Menschen ohne Hoffnung und ohne Recht. Männer und Frauen, Alte und Junge und vor allem immer wieder Kinder, zum Skelett abgemagert, mit Armen und Beinen wie dünne Stecken, mit hervorstechenden Rippen und hohlen Augen. Auf meinem Weg durch die morgendlichen Straßen sah ich Leblose im Sand liegen. Als ich näher trat, sah ich die ganze, grauenhafte Wahrheit: Sie waren gestorben. Verhungert. Ein großer Lastwagen kam vorbei. Zwei Polizisten warfen eine Leiche auf die Lädefläche des Wagens. Da lagen die Opfer, die die letzte Nacht nicht überlebt hatten. Das sei Alltag, wurde mir von einem Inder erklärt.

Wochen voller überwältigender Erlebnisse. Ich beschloß, für die Zeit der vier Wochen, die mir noch bis zum Beginn der dritten Weltkonferenz der Christlichen Jugend blieben, wie ein Inder zu leben, deponierte meine Sachen im YMCA-Haus, machte mich mit einem Hemd und einer Hose bekleidet und mit wenigen Rupien in der Tasche auf. Ich schlief auf der Straße, versuchte, etwas zu essen zu finden, fühlte mich schon am dritten Tag so schwach und schwindlig, daß ich mein Vorhaben aufgeben wollte. Doch dann wurde mir auf einem kleinen Gehöft eine Gemüsesuppe angeboten. Ich bot als Gegenleistung meine Arbeitskraft an, vermochte mich kaum noch zu bewegen. Nach vierzehn Tagen war ich am Ende, hatte fast neun Kilo abgenommen. Vor meinen Augen flimmerte es. Jede Bewegung war mit Schmerzen verbunden.

Glücklicherweise fand ich einen Arzt, einen Hindu. Er befahl mir, mit meinem Experiment aufzuhören, mich hinzulegen, auszuschlafen, und päppelte mich mit leichter europäischer Kost in drei Tagen wieder hoch. »Sie können nicht wie ein Inder leben«, hielt er mir vor. »Aber Millionen müssen es doch«, erwiderte ich. »Ja, sie haben sich weitgehend daran gewöhnt«, meinte er, »aber vergessen Sie nicht, wie viele auf der Strecke bleiben.«

Unsere »Hungerjahre« in Deutschland nach dem Zweiten Weltkrieg, das wurde mir klar, waren harmlos, gemessen an der Situation in Indien.

Mit Niemöller in Kottayam

Am 11. Dezember 1952 begann die dritte Weltkonferenz der Christlichen Jugend in der kleinen südindischen Stadt Kottayam. »Christus als Antwort« hieß die Losung der Dele-

gierten aus 54 Nationen: Lutheraner, Reformierte, Mennoniten, Baptisten, Methodisten, Anglikaner... Ich erlebte,
daß konfessionelle Schranken keine Rolle spielen. Der reiche Amerikaner saß neben dem bettelarmen Chinesen –
praktizierte Ökumene.

Ich teilte ein Zimmer mit Kirchenpräsident Martin Niemöller, führte mit ihm unvergeßliche Gespräche. »Es hat
mich acht Jahre nationalsozialistischer Konzentrationslager gekostet«, sagte er, »um zu erkennen, was es heißt: Liebe deine Feinde! Damals erkannte ich, daß Jesus Christus
auch für den SS-Mann gestorben ist, der mir täglich in
einem Blechnapf mein Essen in die Zelle schob.« Niemöller hielt ein großes Referat: »Es hat mich Jahre meines Lebens gekostet, um zu sehen, daß Gott nicht der Feind meiner Feinde ist ... er ist nicht einmal der Feind seiner
Feinde.«

Ganz überraschend trat man an mich heran, über Südafrika zu sprechen. Ich berichtete von dem, was ich in
Afrika gesehen und erlebt hatte. Und die Resonanz war für
mich völlig unerwartet: »Kommen Sie zu uns in unsere
Länder, sprechen Sie über das, was Sie uns eben gesagt haben! Niemals vorher haben wir über diese Dinge so ge-
naues erfahren. Sprechen Sie zu uns auch über das geteilte
Deutschland und die Kirchen dort!«

Aus Indien kam diese Bitte, aus Ceylon, dem heutigen
Sri Lanka, aus Burma, Hongkong, Japan, Australien und
den USA. »Kommen Sie zu uns! Wir helfen Ihnen, wir sorgen für Sie, wir bringen Sie unter!«

Ich war völlig verunsichert. Was sollte ich zu sagen haben? Warum die halbe Welt bereisen?

»Sagen Sie nur die Wahrheit«, wurde ich ermuntert. »Erzählen Sie, was Sie gesehen und erlebt haben, und tun Sie
nichts hinzu, noch nehmen Sie etwas weg. Dann leisten Sie
uns allen den besten Dienst!«

Am selben Abend saß ich in einem großen Kreis, be-
sprach meine zukünftige Reise, wohl wissend, daß ich zwi-
schendurch arbeiten und mir das verdienen mußte, was ich

brauchte. Mein erspartes Geld reichte damals gerade für die Rückreise nach Deutschland. Aber ich nahm den Ruf an.

Pandit Nehru öffnete mir die Türen

Manilal Gandhi hatte mir eine Botschaft an das indische Volk mitgegeben. Ich sollte sie auf der Weltkonferenz verlesen, aber man war der Meinung gewesen, sie gehörte auch in die Hände des indischen Ministerpräsidenten Pandit Nehru. Also hatte ich sie per Post nach Neu Delhi geschickt.

Wenige Tage später erhielt ich einen Brief von Nehru, in dem er sich ausführlich für die Grußbotschaft bedankte und mich einlud, ihn zu besuchen.

Devedas Gandhi begleitete mich zu der Audienz bei Nehru. Als er mich nach meinen Eindrücken von Indien fragte, nach meinen Erlebnissen in Südafrika, nach Deutschland, spürte ich seine ganze Anteilnahme. Eine Stunde sprach ich mit dem bescheidenen Mann, der sein Land aufbauen und es aus dem Ost-West-Konflikt, dem Kalten Krieg, heraushalten wollte, was später zur Bewegung der Blockfreien Länder führen sollte. »Weltfrieden und Sicherheit können nicht durch Militärpakte und durch Waffenhortung erreicht werden«, sagte mir Nehru. »Man spricht vom Kalten Krieg, man spricht von gegnerischen Lagern, von Gruppierungen, Militärblöcken und Bündnissen, und alles im Namen des Friedens. Wir sind in keinem Lager und in keinem Militärbündnis. Das einzige Lager, in dem wir Inder sein möchten, ist das Lager des Friedens und des guten Willens!«

Pandit Nehru habe ich es zu verdanken, daß mich viele bekannte Politiker empfangen haben, die sich zur Bewegung der Blockfreien zählten. Durch seine Empfehlungsschreiben öffnete sich so manche Tür. Ich konnte mit Oberst Nasser (Ägypten), Marschall Tito (Jugoslawien), Mao Tse-tung und Tschou En-lai (China) sprechen.

Einige, die ich traf, vermittelten neue Kontakte. So kam ich in New York mit dem damaligen UN-Generalsekretär, dem Burmesen Sithu U Thant, zusammen. Dank eines vorübergehend ausgestellten indischen Diplomatenpasses konnte ich in Länder einreisen, die seinerzeit Deutsche abwiesen.

1953 führte mich der Weg nach Ceylon (das heutige Sri Lanka), Burma (das heutige Myanmar), wo ich zehn Wochen als buddhistischer Mönch in Rangoon lebte, Singapur, Hongkong, Korea, Indochina, in die Volksrepublik China und nach Japan. Auch nach Hiroshima war ich eingeladen.

Hiroshima und Korea

Bevor ich Hiroshima betrat, das acht Jahre zuvor durch den ersten Atombombenabwurf der Geschichte dem Erdboden gleichgemacht worden war, erhielt ich eine Fülle guter Ratschläge: »Berühren Sie nichts, halten Sie sich nicht zu lange in den gefährdeten Stadtteilen auf, geben Sie keinem Menschen die Hand und vor allem, halten Sie sich von Kranken fern!«

Ich sprach mit Überlebenden, die für ihr Leben gezeichnet waren. Ich besuchte die Gedächtnishalle, in der Bilder und Dokumente der furchtbaren Zerstörungen zusammengetragen worden sind. Ich sah Fotos von gräßlich zerstümmelten Menschen, ausgebrannte Schädel, abgetrennte Gliedmaßen. In der Halle befindet sich ein Stein, ein gewöhnlicher Quader, der im Fundament eines Bankgebäudes eingelassen war. Ein Mann hatte davor auf den Stufen des Eingangs gesessen, als die Bombe fiel. Der Schatten dieses Menschen ist tief in die Mauer eingeblendet. Die furchtbare Hitzewelle hatte das Gestein verfärbt, und nur die Konturen, durch einen lebenden Menschen gezeichnet, wurden, einem Schattenriß vergleichbar, unauslöschlich in den Stein gegraben. Wo ist der Mensch geblieben? Man fand von ihm nicht ein Partikelchen mehr. Aufgelöst, verkocht, zerstoben. Aber der Schatten ist geblieben. Als ich die Halle verließ, war ich unfähig, noch etwas anderes an diesem Tag zu unternehmen. Alle Menschen müßten diese Bilder sehen. Nur so kann man dem Menschen von dem ungeheuren Ausmaß der Vernichtung und dem ganzen Wahnsinn des Krieges ein Bild vermitteln. So entsetzlich die Erlebnisse in Europa gewesen sein mochten, sie verblassen vor dem konzentrierten Grauen Hiroshimas, dem, was die »christliche Atombombe« des »christlichen Amerika« angerichtet hat, abgeworfen von einer Crew, die von einem evangelischen und einem katholischen Militärgeistlichen gesegnet worden war.

Die nächste Station war Korea, ein Land, in dem der Krieg tobte. Mit einer Maschine der US-Luftwaffe landete ich. So weit das Auge reichte, Trümmer und noch mehr Trümmer, Schutt und Staub. Was ich hier zu sehen bekam, überstieg alles, was ich während des Zweiten Weltkrieges gesehen hatte. Ich sage das als einer, der in den Hamburger Bombennächten des Juli 1943 Menschen als brennende Fackeln durch die Straßen taumeln sah. Und ich sage es jenen, die heute immer noch meinen, mit Rüstung oder gar Krieg Probleme lösen zu können. Der Krieg kann nur zerstören, vernichten, morden und vergewaltigen, aber er kann nichts Positives schaffen. Er läßt Trümmerfelder und verstümmelte Leichen, die Angst, das Grauen und die Verzweiflung zurück. Nur da, wo er nicht ist, kann die Hoffnung auf den Sieg echter Menschlichkeit existieren, nur wo Frieden herrscht, können Probleme wirklich angefaßt und zur Lösung geführt werden. Der Krieg ist die Zerstörung, und nichts, gar nichts vermag er aufzubauen. Und was Zerstörung heißt, erfuhr ich in Korea. Hier wurden ganze Städte »ausradiert«. Deutsche Städte waren im Zweiten Weltkrieg zur Hälfte, zu zwei Dritteln in Schutt und Asche versunken, hier zu hundert Prozent. »Seit Beginn des Krieges leben wir nicht mehr«, sagte mir ein Koreaner. »Wir vegetieren nur noch. Wir fliehen vor dem Tod. Und wenn wir für einen Tag aufatmen dürfen, dann zwingt uns die Sorge um die Unseren, um Alte und Kranke, um Verwundete und Sterbende zu rastloser Tätigkeit. Wir sehnen uns nach Ruhe. Wir wollen aufbauen, den Boden beackern und unser Land zu Wohlstand und Blüte bringen und nicht immer nur das forträumen, was fremde Menschen in unserem eigenen Land zerschlagen haben.« Er meinte damit auch die US-Soldaten.

Australien und USA

Im Juni 1953 traf ich in Australien ein. Als ich von Bord des Schiffes gehen wollte, hieß es: »Alle Farbigen haben so lange zu warten, bis die weißen Passagiere von Bord gegangen sind!« Erst dann durften sie an Land gehen und wurden einer strengen Kontrolle unterzogen.

Land der Freiheit und der Zukunft und des Wohlstandes! Die Nicht-Weißen zählten nicht. Die eigentliche australische Urbevölkerung, die Aborigines, hatte für den weißen Australier höchstens Museumswert.

Australien, das war in diesen Jahren das Land der Atomwaffentests. Allein die sogenannte Monte-Bello-Bombe, mit der man während meines Besuches in der Wüste experimentierte, kostete 1,2 Milliarden Mark.

Überall im Land Kriegerdenkmäler. Die Jugend wurde militärisch gedrillt, zum Krieg erzogen. Andererseits ein unglaubliches Interesse an meinen Reiseberichten. Bis zu achtmal täglich wurde ich aufgefordert zu sprechen, besonders über Deutschland. Die Zuhörenden – in relativer Sicherheit und weit weg vom Schuß – blickten mit geheimem Gruseln auf das geteilte Deutschland, wo sich zwei Machtblöcke waffenklirrend gegenüberstanden. »Es ist nur gut, daß Australien ein Erdteil für sich ist und auf einer Insel liegt«, meinte ich einmal. Mein australischer Gesprächspartner sah mich verwundert an. »Warum?« fragte er. »Auf diese Weise könnt ihr mit eurer Schießerei und eurem Kriegsspiel wenigstens kein Unheil anrichten!«

Ich wollte in die USA weiterreisen, doch das Visum ließ auf sich warten. Mein Erspartes ging zur Neige. Ich mußte einen Job annehmen, nahm Öfen aus, wusch Geschirr, klopfte Teppiche, hantierte mit Staubsauger und Besen, verdiente ein gutes Stück Geld. Dann erhielt ich endlich die Einreisegenehmigung. Per Frachter ging die Reise weiter über den Pazifik.

In den Vereinigten Staaten besuchte ich 1953 auf Einladung des YMCA über 50 Städte. Sehr schnell wurde mir deutlich, daß es dort nicht weniger christliches Denken als in Deutschland gibt, aber es gibt mehr christliches Handeln. Kirche und Staat sind in den USA streng getrennt. Die Kirchen, und damit auch die Pfarrer und Prediger, leben allein von der direkten finanziellen Unterstützung ihrer Gemeinden. Das macht sie unabhängig, und darüber hinaus wird der Opferwille der Gemeindemitglieder wachgehalten. Hier lernte ich kleine, rege und lebendige Gemeinden kennen.

Besonders beeindruckend waren für mich die Friedenskirchen: die Quäker, die Mennoniten und die Church of the Brethren (Brüderkirche). »Wir verweigern um Christi willen den Kriegsdienst. In der Zeit, in denen andere junge Menschen mit der Waffe ausgebildet werden, bilden wir unsere Jungen im Friedensdienst aus. Wenn die anderen nach Korea in den Krieg gehen, um dort zu schießen, gehen wir nach Hongkong, um Flüchtlingen zu helfen.«

Ich erlebte, daß die Rassenschranken zwischen Schwarz und Weiß noch nicht gefallen waren, auch nicht in den Kirchen. Obwohl jede Diskriminierung gesetzlich verboten war, gab es besonders in den Südstaaten noch eine scharfe Trennungslinie. Doch mit der Apartheid in Südafrika war die Situation nicht zu vergleichen.

Ein Höhepunkt meines USA-Aufenthalts war ein Treffen mit Albert Einstein in Princeton. Er hatte im Krieg an der Entwicklung der Atombombe mitgearbeitet. Als er jedoch erfuhr, was die erste Bombe in Hiroshima angerichtet hatte, stellte er seine Mitarbeit ein und versuchte, seinen ganzen Einfluß geltend zu machen, um die Weiterführung der Atomwaffenforschung zu verhindern. Einstein hat immer wieder zur Kriegsdienstverweigerung aufgerufen: Kriege sollten mangels Beteiligung ausfallen.

Rückkehr nach Deutschland

Im Frühjahr 1954 kam ich nach Deutschland zurück. Ich wurde Referent beim Evangelischen Jungmännerwerk in Kassel, 1956 dann Generalsekretär des CVJM in Heilbronn. Ich habe damals ganze Bände der CVJM-Jugendzeitschrift »Die junge Schar« und »Jungenwacht« aus der Nazi-Zeit durchgewühlt. Ich fand Bücher von evangelischen Jugendleitern und Jugendführern aus dem »Dritten Reich« mit dem Tenor: »Die Evangelische Jugend bekennt sich zu Christus und zum Nationalsozialismus.« Unter den Herausgebern der Pamphlete: Pastor Arnold Dannenmann, der Mann, der nach dem Krieg die »Christlichen Jugenddörfer« gründete, Dr. theol. Werner Jentsch und Reichswart Dr. theol. Erich Stange. Diese drei waren nach 1945 im CVJM und im Evangelischen Jungmännerwerk jahrelang an höchster Stelle tätig. Oder Gustav Adolf Gedat, während der Nazi-Zeit »CVJM-Reichssekretär« und Autor des Bestsellers »Ein Christ erlebt die Probleme der Welt«, in dem er seinen Lesern einhämmerte: »Der Endsieg des Nationalsozialismus in Deutschland wird den Völkern des Westens den Weg weisen, den sie gehen müssen, um sich selbst zu retten.« Nach 1945 rettete sich Gedat als CDU-Abgeordneter in den Bundestag.

Als ich naiv nach dem Inhalt der von mir gelesenen braunen Pamphlete fragte, erhielt ich nur ausweichende Antworten.

Mit allem Respekt vor dem späteren Leben von Paul Humburg, langjähriger Bundeswart des Westbundes des CVJM: Er hat zu spät eingesehen, was Sache ist. Er dichtete am 2. Mai 1933 die Liedzeilen: »Die Sonne steigt! Wir rüsten uns zum Streite, zum Opfer trotz der Feinde Haß und Hohn. Auf, Brüder, Tritt gefaßt, wir schreiten Seit an Seit mit Adolf Hitler, Deutschlands treuestem Sohn.«

Parteipolitisch engagierte ich mich nicht. Ich hatte die CDU mit ihrem Ahlener Programm, 1947 verabschiedet, gewählt. Dieses Programm hatte einige christlich-sozialistische Inhalte und forderte nach den Erfahrungen der NS-Zeit eine Vergesellschaftung der Großindustrie und des Bergbaus. Der katholische Ministerpräsident von Nordrhein-Westfalen, Karl Arnold, hatte eine Neuordnung der Wirtschaft gefordert. »Das kapitalistische Wirtschaftssystem hat sich an seinen eigenen Gesetzen totgelaufen«, sagte der CDU-Politiker in seiner Regierungserklärung am 19. Juni 1947. »Der natürliche Zweck der Wirtschaft, nämlich die Bedarfsdeckung des Volkes, wurde in sein Gegenteil verkehrt. Aus dem sittlich vorgeschriebenen Dienst an der Gemeinschaft wurde ein egoistisches Streben nach Macht, das das Lebensrecht und die Freiheit des wirtschaftlich Schwächeren und die Wohlfahrt des Volkes außer Betracht gelassen hat.«

Schnell kam die Wende, nicht nur in der CDU. Bundesinnenminister Gustav W. Heinemann trat 1950 unter Protest gegen die Pläne zur Wiederbewaffnung Deutschlands zurück. Es herrschte Kalter Krieg. Ost und West schlugen sich verbal die Köpfe ein. Ich war erschüttert über die Unbußfertigkeit der Deutschen im Westen, gleich, ob es die Kirche war, der Staat oder die Parteien, von der Wirtschaft ganz zu schweigen.

Ich kämpfte in der Friedensbewegung der fünfziger Jahre gegen die Remilitarisierung Deutschlands und – als sie beschlossene Sache war – gegen die atomare Bewaffnung der Bundeswehr.

Meine geistliche Heimat war nicht so sehr die Kirche, die ich bei aller Kritik liebe, sondern waren die Kirchlichen Bruderschaften, der Internationale Versöhnungsbund und – von 1958 bis 1968 – die Christliche Friedenskonferenz (CFK). Als ich zum ersten Vorsitzenden der Internationale der Kriegsdienstgegner (IdK) in der Bundesrepublik gewählt wurde, gingen die Wogen im CVJM hoch, hielt man die IdK doch für eine »atheistische« Organisation. Die

Kirche war damals wieder eher geneigt, Kriege zu tolerieren (wenn nicht gar mit ihrem Segen gutzuheißen), als der Kriegsdienstverweigerung das Wort zu reden. Da keine Einigung zustande kam, mußte ich im April 1959 – nicht ganz ohne Eigenverschulden – gehen.

Oft wurde ich von kirchlicher Seite in die DDR eingeladen. Schon damals war bekannt, daß in Bautzen Todesurteile vollstreckt wurden. Bei meinen Besuchen plädierte ich jedesmal bei SED-Kirchen-Staatssekretären, die ich traf, um Milde für die, die im Gefängnis saßen, meist ohne Erfolg.

Ich erhielt Einladungen der Kirchen in Polen, in der Tschechoslowakei und der Sowjetunion. Ich war beeindruckt von den Kirchen unter dem Stalinismus, aber auch davon, daß es wenig Haß gab uns Deutschen gegenüber, obwohl sie Grund genug gehabt hätten. Ich habe darüber ein zweites Buch unter dem Titel »Unterwegs in Ost und West« geschrieben.

Bei einem DDR-Besuch im Herbst 1959 traf ich privat den Dresdener Theologieprofesor Emil Fuchs und seinen Sohn Klaus, der 1932 als 20jähriger der KPD beigetreten und 1933 zuerst nach Frankreich, dann nach England geflohen war. Der Atomphysiker arbeitete von 1943 bis 1946 im US-amerikanischen Atomforschungszentrum Los Alamos, danach im britischen Forschungszentrum Harwell. Weil er Atombombengeheimnisse an die Sowjetunion verraten hatte, was er nicht bestritt (der Prozeß gegen ihn dauerte eine Stunde), wurde er in England 1950 zu 14 Jahren Gefängnis verurteilt. Ohne finanzielle Gegenleistungen zu erhalten, hatte er sein Wissen an die Russen weitergegeben, denn er war überzeugt, nur ein »Gleichgewicht des Schreckens« könne den Atomkrieg verhindern. Im Sommer 1959 wurde Klaus Fuchs vorzeitig aus der Haft entlassen, reiste sofort in die DDR, wurde SED-Mitglied, in Dresden Professor und Leiter eines wissenschaftlichen Instituts. (Er starb 1988 an Leukämie.)

Als ich nach diesem Besuch in die Bundesrepublik nach Heilbronn (Württemberg) zurückkehrte, interessierten sich auf einmal Leute für mich, die sich als Journalisten ausgaben, aber nie etwas von mir berichten sollten. Erst 40 Jahre später habe ich erfahren, daß der Verfassungsschutz sich damals plötzlich für mich interessierte. Woher wußte der westdeutsche Geheimdienst, wen ich im Osten traf, daß ich Kontakt zu einem »Weltspion« hatte? (Diese »Pressevertreter« besuchten mich auch noch später in den siebziger und achtziger Jahren in Duisburg. Wenn ich seinerzeit die Grenze zwischen der DDR und der Bundesrepublik passierte, wurde ich intensiv befragt und kontrolliert – von westlichen Beamten. 1988 habe ich der Zeitschrift »Cosmopolitan« provokativ gesagt: »Wer als Christ keine Akte beim Amt für Verfassungsschutz hat, lebt falsch!« Zu diesem Zeitpunkt ahnte ich nicht, daß ich sie hatte.)

In den fünfziger Jahren hatte ich weiterhin Gelegenheit, Länder in Afrika, Asien und Lateinamerika zu besuchen. Ich konnte als Beobachter an der ersten Konferenz der blockfreien Staaten in Bandung (Indonesien) vom 18. bis 24. April 1955 teilnehmen, wo Nehru, Tschou En-lai, U-Thant und Nasser eine wichtige Rolle spielten. Nachdem ich beim CVJM aufgehört hatte, entschied ich mich als 34jähriger, Deutschland zu verlassen. Für mich sollte in Nordamerika ein neuer Lebensabschnitt beginnen.

Zum dritten Mal
wurde mein Leben umgekrempelt

Nach dem Zweiten Weltkrieg und meinen Aufenthalten in Afrika, Asien und Australien in den fünfziger Jahren wurde mein Leben jetzt in Nordamerika ein drittes Mal umgekrempelt. Vieles habe ich neu überdacht und anders sehen gelernt.

1960 arbeitete ich für kurze Zeit als eine Art Sozialarbeiter mit Eskimos und Indianern im kanadischen Bundesstaat Manitoba und lernte die Probleme ethnischer Minderheiten in der Praxis kennen. Einige Monate danach war ich Studentensekretär des Student Christian Movement (SCM – Christliche Studentenbewegung) in Halifax (Nova Scotia). So viel unberührte Natur habe ich in keinem anderen Land der Welt erlebt. Unvergeßlich der »Indian Summer«, der bunte Herbstwald in den schönsten Farben, die Kanufahrten, die Flüge mit kleinen Propellermaschinen, meist Wasserflugzeugen, über weite Seen, ein Erlebnis, das ich vielen meiner Mitmenschen wünsche. In der Wildnis Nordkanadas kam ich mir manchmal wie ein Zivilisationsflüchtling vor.

1961 begann ich mein Studium der evangelischen Theologie in Toronto. Ich fühlte mich in der Stadt am Ontario-See sehr wohl. Es gab keinen schlimmen Fremdenhaß, keinen Antisemitismus, nur ein paar alte Nazis, die hierher geflüchtet waren und hofften, nicht entdeckt zu werden. Es gab eine lebendige, große jüdische Gemeinde, die ich gern besuchte, obwohl mir die Begegnung mit Menschen, die aus Deutschland verjagt worden waren, nicht leicht fiel.

Ich lernte das »Dritte Reich« durch die Augen anderer Menschen neu kennen. Ich wurde zu einem großen Kritiker der Bundesrepublik Deutschland. Ich war ständig unterwegs zu neuem Denken, Umdenken. Als Gastprofessor erlebte ich Paul Tillich, der aus Deutschland auswandern mußte und aus New York zu uns kam. Der Philosoph und Theologe hat mich sehr beeindruckt, mit seiner Bescheidenheit, mit seiner Sprache, mit seiner Toleranz. Ich zitiere nur einen Satz: »Der christliche Mensch des 20. Jahrhunderts nimmt teil an der Erschütterung der Grundfesten, die in den vorhergehenden Jahrhunderten als unerschütterlich galten.« Er sagte das vor über 40 Jahren, Anfang der sechziger Jahre.

Während des Studiums wurde vieles hinterfragt. Es ging um »Herrschaftskritik«, um die »Theologie des Widerstands«, zur Nachahmung im heutigen Deutschland empfohlen. Wir untersuchten die Rolle der Gewalt, beschäftigten uns mit Fragen des Rassismus, der Folter, alles ein Teil der theologischen Ausbildung. Selbstverständlich gab es in der Woche auch mehrere Stunden »Administration« (Verwaltung) und Psychologie, eine gute Vorbereitung auf die spätere Gemeindearbeit, aber auch gut für die eigene Entwicklung.

Ich fühlte mich auf einmal 15 Jahre jünger. Alle meine Mitstudenten und Mitstudentinnen waren Anfang 20. Ich befand mich plötzlich wieder in einer Spätpubertät (manche meiner Freunde hier in Deutschland glauben, daß ich bis heute darin steckengeblieben bin).

Ich war ein leidenschaftlicher Tänzer. Im Studentenclub wurde ich 1961 als bester Rock'n-Roll-Tänzer ausgezeichnet.

Es war die Hippie-Zeit. Ich habe mich unter den »Blumenkindern« sehr wohl gefühlt, sogar dreimal LSD genommen. Das war damals »in«. Ich kann heute jeden nur davor warnen. Drogenabhängigkeit ist eine äußerst schlimme Krankheit.

Ich habe Jimi Hendrix getroffen und bin im August 1969 zum Woodstock-Festival gefahren. Das Open-Air-Ereignis fand auf dem 265 Hektar großen Farmgelände eines Milchbauern im US-Bundesstaat New York statt. Man hatte

60 000 Fans erwartet. Es kamen über eine halbe Million, und dazu schlimmer Regen, aufgeweichter Boden, Schlamm.

Die sich hier versammelt hatten, wollten ein anderes Amerika, ohne Klassen- und Rassenschranken. Sie waren gegen den verbrecherischen US-amerikanischen Krieg in Vietnam. Sie protestierten friedlich. Von Polizei war nichts zu sehen. Man küßte sich, man liebte sich, man tanzte. Ein Drei-Tage-Wunder, das ich mir manchmal zurückwünsche!

Joan Baez war wegen ihres Protestes gegen den Vietnamkrieg gerade aus dem Gefängnis gekommen. Joe Cocker war da und viele, viele andere mehr. Jimi Hendrix spielte zwei Stunden. Er imitierte auf der Gitarre Bombenkrieg. Zum Schluß verjazzte er die amerikanische Nationalhymne. Für mich war er kein Idol, er war ein politischer Gitarrist.

Wir trugen alle längere Haare, auch ich mit meinen 44 Jahren. Meine waren fast schulterlang. Als ich fünf Jahre später mit dem Schuldienst in Duisburg anfing, meinte man, die langen Haare würden nicht zu meinem Alter passen. Aber erst ein halbes Jahr später schnitt ich sie ab.

Lernen von den Hutterern

Ich habe aber auch Kirchen kennengelernt, die nicht nur eine unwahrscheinlich große Bescheidenheit ausstrahlen, sondern wirklich jesugemäß leben. Es waren die Hutterer oder auch Amish-Christen, Menschen, deren Vorfahren zu den Wiedertäufern in der Schweiz, im Elsaß und in Süddeutschland zählten und im 17. Jahrhundert nach Nordamerika ausgewandert waren. Sie sprechen heute noch einen alten deutschen Dialekt, eine Mischung aus Hochdeutsch, Schwäbisch und Plattdeutsch, für mich nur schwer zu verstehen. Ich habe bei ihnen für einige Zeit gelebt und gearbeitet und dabei viel gelernt.

Ihre Gottesdienste werden in Deutsch abgehalten und dauern oft zwei Stunden. Man findet sich täglich zur Bibelstunde zusammen. Auch die meisten der Jungen unter den Amish halten an den alten Traditionen fest. Sie besuchen eigene Schulen.

Die Amish und Hutterer lehnen viele vermeintliche Errungenschaften unserer Konsumgesellschaft ab. Sie benutzen Pferdekutschen, keine Autos. Sie kennen kein elektrisches Licht. Nur wenige haben Telefon, aber nur in irgendeinem Schuppen, nicht in der Wohnung.

Die Amish und Hutterer sind wie die Quäker und Mennoniten in den Zeiten, wo es eine Wehrpflicht in den USA gegeben hat, von jeglichem Kriegs- und Ersatzdienst befreit gewesen.

Ich habe eine hohe Achtung vor diesen Menschen. Vielleicht werden sie eines Tages die Sieger sein, wenn wir durch unseren wirtschaftlichen und technischen Fortschritt am Ende sind.

Ich habe auch katholische Theologie studiert, dann anglikanische Theologie (Church of England) und jüdische Philosophie an der University of Manitoba in Winnepeg. Darüber hinaus habe ich drei Hörsemester Psychiatrie belegt, mich mit Psychoanalyse beschäftigt.

Nach Abschluß meines Studiums absolvierte ich meine Vikarszeit in zwei Landgemeinden in Redwater (Alberta) und in Shamrock (Sasketschewan). Dabei hatte ich auch – eine kleine Anekdote am Rande – eine aus Deutschland stammende Farmersfrau zu besuchen. Sie begrüßte mich auf deutsch und sagte dann auf englisch zu ihrer kleinen Tochter: »Bring doch mal unserem Besuch das Buch, das wir alle so lieben.« Die Tochter verschwand, und ich dachte, sie würde mit irgendeiner alten, verstaubten, deutschen Bibel zurückkommen. Was die Tochter brachte, war ein deutscher »Quelle«-Katalog, zirka ein Jahr alt. Was haben wir gelacht! Aber das könnte in Deutschland auch passieren.

In der Friedens- und Bürgerrechtsbewegung

Im November 1963 wurde John F. Kennedy erschossen. Ich war betroffen. Wir Theologiestudenten in Kanada diskutierten heftig über die Geschehnisse. Keiner war der Meinung, daß dies ein Akt einer einzelnen Person war. Alle dachten an eine Verschwörung. Man fand den Salonkommunisten Lee Harvey Oswald. Die Akten wurden nicht veröffentlicht, aber eines stand fest: Viele Weiße hatten Kennedy aufgrund seiner Haltung gegenüber den Schwarzen gehaßt. Für mich steht fest, daß es ein politisches Komplott war, an dem die CIA beteiligt war. Es wird wahrscheinlich nie aufgeklärt werden.

Kennedy ist im nachhinein heroisiert worden. Sicher hat das von ihm gegründete »Peace Corps« Gutes geleistet. Vergessen wird aber meist, daß Kennedy die volle Verantwortung für die Vorbereitung des US-Massenmordes in Vietnam trägt. Und er war es, der in der Kuba-Krise ein Handelsembargo gegen die Zuckerinsel verhängte – übrigens, nachdem er sich zuvor mit über tausend Havanna-Zigarren hatte versorgen lassen, wie mir einmal seine »rechte Hand«, Pierre Salinger, persönlich bestätigte.

Ich habe mich in der Friedensbewegung engagiert und an den Anti-Vietnamkrieg-Demonstrationen in den USA teilgenommen. Ich bin zusammen mit Martin Luther King marschiert. Bei Studentenunruhen an der kalifornischen Universität Berkeley lernte ich die knapp 20jährige schwarze Studentin Angela Davis kennen, die in den USA zum Staatsfeind Nr. 1 erklärt wurde, weil sie Mitglied der Kommunistischen Partei und einer Splittergruppe war, die sich nach dem vom US-Geheimdienst CIA ermordeten kongolesischen Freiheitskämpfer »Lumumba-Partei« nannte.

Bei zwei Vorträgen bin ich einem Mann begegnet, der mir Angst, aber auch Verständnis beibrachte, dem Schwarzenführer Malcolm X. Er drohte mit Handgranaten und Molotowcocktails. Er schürte den schwarzen Terror gegen die Weißen, lehnte Martin Luther Kings gewaltfreie Position ab. Der afroamerikanische Malcolm X, der eigentlich Malcolm Little hieß und sich zum Islam bekannte, wurde 1965 ermordet. Er hatte sieben Jahre im Gefängnis gesessen. Aber für die Schwarzen lebt er weiter. Sein »X« sieht man heute noch auf Baseballkappen oder auf T-Shirts.

Malcolm X war ein scharfer Rhetoriker: »Ich verurteile den weißen Mann als den größten Mörder dieser Erde.« Ein hartes Urteil, aber hat er Unrecht?

1966 hielt ich mich für drei Monate in Alabama (USA) auf, nahm dreimal in der Woche bei Martin Luther King am Unterricht teil, eine Zeit, die mich stark verändert hat, insbesondere was meine Einstellung zur Gewaltlosigkeit angeht. Das Wort, das der Führer der schwarzen Bürgerrechtsbewegung am häufigsten gebrauchte, war nicht, wie ich vermutete, »non-violence«, Gewaltlosigkeit, oder »peace«, Frieden, sondern »self-discipline«, Selbstdisziplin – nicht Disziplin. Ohne Selbstdisziplin, das habe ich gelernt, sind die Probleme dieser Welt nicht zu lösen. Mit ihr schaffe ich es auch heute noch, jeden Morgen um sechs Uhr aufzustehen und jeden Abend um 24 Uhr ins Bett zu gehen (was mir als Älterwerdender manchmal nicht mehr ganz so leicht fällt).

Pfarrer wie Billy Graham – für mich ein Vertreter der »Rambo-Theologie« – befürworteten den Vietnam-Krieg. King – wie Graham Mitglied der Baptisten-Kirche – bezog eine deutliche Gegenposition. Bürgerrechts- und Friedensbewegung rückten zusammen. Doch der schwarze Friedensnobelpreisträger wurde am 4. April 1968 in Memphis von James Earl Ray ermordet. »Sie sprachen zueinander, siehe, hier kommt der Träumer, laßt uns ihn umbringen, und wir werden sehen, was aus seinen Träumen wird.« (Genesis 37, 19–20) Diese Worte sehen wir auf der Tafel in der Nähe des Motel-Balkons, wo Martin Luther King getötet wurde.

1968 durfte ich Elie Wiesel – für mich ein großes Vorbild –, der 1986 mit dem Friedensnobelpreis geehrt wurde, besuchen. Seine Mutter und seine Schwester waren in

Auschwitz umgekommen; er selbst hatte das Konzentrationslager überlebt. Wiesel ist ein ständiger Warner und Mahner. Seine Bücher sollten Pflichtlektüre sein, auch im Schulunterricht.

»Ich weiß von der Schuld der Gleichgültigkeit«, schreibt Elie Wiesel. »Das Gegenteil von Liebe ist nämlich nicht Haß, sondern Gleichgültigkeit... Mir wurde klar, daß in außergewöhnlichen Situationen, in denen es um das Leben und die Würde des Menschen geht, Neutralität zur Sünde werden kann. Sie hilft den Mördern, nicht den Opfern.«

Gleichgültigkeit ist meiner Meinung nach eine neue Form des Faschismus.

Aufruf aus Hanoi an die US-Soldaten: Desertiert!

In den sechziger Jahren erlebte ich den Krieg in Vietnam. Einmal flog ich als Vertreter des Evangelischen Pressedienstes in einem B-29-Jagdbomber der US Air Force mit. Ich sah, wie auf Frauen und Kinder geschossen wurde. Ich vergesse nie, wie buddhistische Mönche sich im Protest gegen die Amerikaner vor der US-Botschaft in Saigon mit Benzin übergossen und selbst anzündeten. Ich wollte meine Jacke auf sie werfen, um die Flammen zu ersticken, wurde aber von südvietnamesischen Soldaten daran gehindert. Es war ein schmutziger Krieg, mit chemischen Waffen, Napalm und »Agent Orange«, mit Massakern an der Bevölkerung wie in My Lai, wo im März 1968 der US-Leutnant Calley seine Kompanie »Charlie« 567 unbewaffnete, unschuldige Menschen bestialisch niedermetzeln ließ. Calley war nur drei Tage in Haft. Ausgerechnet Präsident Nixon begnadigte ihn zu einem lächerlichen Hausarrest.

Die Vereinigten Staaten haben in Vietnam Kriegsverbrechen begangen – und die Kirchen haben dazu weitgehend geschwiegen.

1967 flog ich mit dem später ermordeten schwedischen Ministerpräsidenten Olof Palme nach Hanoi in Nordvietnam und wurde von Ho Chi Minh empfangen. Ich erhielt die Möglichkeit, über das Radio amerikanische Soldaten aufzufordern, zu desertieren. Meine englische Ansprache begann ich mit den Worten: »In the name of Jesus Christ...« – »Im Namen Jesu Christi fordere ich Sie auf, überzulaufen. Das neutrale Schweden wartet auf Sie.« Währenddessen forderte in Südvietnam das »Maschinengewehr Gottes«, Pastor Billy Graham, die US-Soldaten auf, im Namen Jesu Christi die Kommunisten auszurotten.

Hundert Soldaten sind dem Appell gefolgt. Die Deserteure wurden von Hanoi aus sofort nach Schweden ausgeflogen, wo sie ein Exil fanden. In den USA wurden sie in Abwesenheit zu lebenslänglichen Gefängnisstrafen verurteilt. Erst der demokratische Präsident Carter ließ sie später unbehelligt einreisen, weil die Einsicht in den Vereinigten Staaten wuchs, daß der Krieg in Vietnam ein Verbrechen gewesen war.

Meine Lebensgefährtin wurde zu Tode gefoltert

Nach meinem Studium in Nordamerika hielt ich mich sechs Jahre lang in Indien auf. Ich arbeitete Ende der sechziger, Anfang der siebziger Jahre als Dozent für Internationale Angelegenheiten am Sevagram College bei Nagpur im Bundesstaat Maharashtra. Hier hatte Mahatma Gandhi gewirkt. Doch ich mußte miterleben, wie sehr sein politisches Erbe verfälscht wurde. (Darüber habe ich ausführlich in meinem Buch »Unterwegs erfahren« berichtet.) Dennoch gibt es bis heute überall in Indien Männer und Frauen, die sich als Nachfolger Mahatma Gandhis bezeichnen, zusammen mit den Armen in den Slums und Obdachlosenquartieren leben, den Unberührbaren helfen.

Während dieser Zeit habe ich für jeweils einige Wochen bei Mutter Teresa in ihrem »Haus für die verlassenen Sterbenden« in Kalkutta gearbeitet. Es war erschütternd, wie morgens die Leichen aufgesammelt wurden. Obwohl Mutter Teresa alt und nicht bei bester Gesundheit war, hat sie viele Arbeiten mit großer Pietät selbst verrichtet. Sie hat mehr für die römisch-katholische Kirche geleistet als der gesamte Vatikan.

Ich traf mehrfach Nehrus Tochter Indira Gandhi, die damalige Ministerpräsidentin. Ich hatte die Gelegenheit, mit dem Dalai Lama zu sprechen. Ich besuchte China, auch Tibet, traf den kambodschanischen Prinzen Sihanouk und den Führer der Roten Khmer, Pol Pot.

Gemeinsam mit meiner Lebensgefährtin Mary, einer indischen Ärztin, machte ich mich als Teil einer asiatischen Delegation auf eine sogenannte »Fact Finding Mission« in das vom Krieg überzogene Kambodscha auf – eine Art Untersuchungskommission. In einem Dorf im Norden wurden wir Augenzeugen eines Angriffs der von den USA unterstützten Regierungstruppen des Generals Lon Nol, bei dem ein Dutzend Soldaten der Befreiungsarmee verwundet wurden. Mary und ich versuchten sie notdürftig zu versorgen. Es gab keine Narkotika und Medikamente. Von seiten der UNO und des Roten Kreuzes war keine schnelle Hilfe zu erwarten.

»Schließlich beraten wir uns mit den Soldaten«, hielt ich vor 20 Jahren fest. »Und die bringen uns auf eine phantastische Idee. In etwa 40 Kilometern Entfernung soll es ein Dorf mit einem christlichen Missionshospital geben; mit einem Jeep gut zu erreichen. Man sei sich allerdings nicht sicher, ob die Bevölkerung zu ihnen oder zu General Lon Nol halte. Doch diese Gefahr wollen wir gerne in Kauf nehmen, denn es geht uns in erster Linie darum, zu helfen. Der Gedanke an unser eigenes Leben spielt in diesem Moment überhaupt keine Rolle. Doch wir sind uns der Fragwürdigkeit bewußt, eine christliche Institution zu überfallen, noch dazu mit Waffengewalt. Aber auch diese Bedenken zerstreuen wir, indem wir uns auf das Gebot der Nächstenliebe besinnen. Denn in dieser Situation scheint uns jede Art der Parteilichkeit fehl am Platze: sei es Parteilichkeit im Sinne von christlich oder nichtchristlich, sei es Parteilichkeit im Sinne von kommunistisch oder nichtkommunistisch. Ausschlaggebend für unseren Plan ist die Hilfe für den Menschen.«

In einer von der Volksbefreiungsarmee erbeuteten US-Armee-Uniform drang ich mit einer Maschinenpistole in der Hand zusammen mit drei Begleitern in das Hospital ein, machte dem protestierenden Chefarzt klar, was wir wollten, und erklärte, daß wir ihm genügend Medikamente zur Versorgung seiner Patienten zurücklassen würden. Mary holte mit fachfraulichem Blick und sicherem Griff das »Diebesgut« aus dem Schrank und stopfte es in einige Säcke. Nach wenigen Minuten war die Aktion abgeschlossen. Mary und ich waren glücklich: Wir konnten die Verwundeten pflegen.

Zwei Wochen lang herrschte Ruhe. Die Regierungstruppen ließen sich nicht mehr blicken. Doch urplötzlich wurde das Wehrdorf angegriffen, von Südkambodschanern umzingelt. Wir mußten uns ergeben. Da Mary und ich das Rote-Kreuz-Zeichen trugen, wurden wir von den Roten Khmer getrennt und per Lkw in ein Lager gebracht.

Zwei südkambodschanische und zwei amerikanische Soldaten verhörten mich. Sie konnten nicht verstehen, was ich als Deutscher »auf der Seite der Kommunisten« zu suchen hatte. »Ich bin Pazifist«, versuchte ich ihnen zu erklären, »und zwar ein kämpferischer Pazifist. Das heißt, ich packe dort an, wo die Not am größten ist. Als Angehöriger einer asiatischen Delegation bin ich vor etwa einem Monat in das Gebiet der Roten Khmer gekommen. Dort sah ich, daß medizinisches Personal fehlte. Also entschloß ich mich, Verwundete zu pflegen. Das ist meine christliche Pflicht. Auch gegenüber Nichtchristen. Und Kommunisten.« Warum ich so gut englisch spreche, wurde ich gefragt. Ich erzählte, daß ich lange in Nordamerika gelebt, was ich dort gemacht und wen ich getroffen hatte. Das Verhör endete mit einem allseits freundschaftlichen Handschlag.

Wie es Mary erging, wußte ich nicht. Man hatte uns getrennt. Nur einmal sah ich, daß man sie zum Verhör führte.

Am dritten Tag mußte ich, an den Händen gefesselt, quer über das Camp in die letzte Baracke. In einem großen Raum befanden sich ein halbes Dutzend Badewannen. In vier saßen bekleidete Nordkambodschaner; nur ihr Kopf ragte aus dem Wasser. Sie stießen heftige Schmerzensschreie aus.

Ich wurde aufgefordert, in eine der nicht-emaillierten Wannen zu steigen. Kaum lag ich drin, wurde ein Kabel an meinem linken Fuß angeschlossen, ein weiteres an der Wanne. Anschließend wurde ein Brett von oben auf die Wanne gedrückt, so daß ich mich nicht mehr rühren konnte.

Ein südkambodschanischer Soldat fing mit der Befragung an, US-Soldaten hielten sich im Hintergrund. »Ich warne Sie davor, irgendwelche Auskünfte zu verweigern«, drohte er mir. Und da er sich nicht mit meinen Erklärungen zufriedengeben wollte, gab er einem zweiten Soldaten ein Zeichen. Im selben Moment schoß für Bruchteile von Sekunden ein wahnsinniger Schmerz durch meinen Kopf. Und dann noch ein Stromstoß. 110 Volt, wie ich später erfuhr. Fragen über Fragen, die ich nicht beantworten konnte. Und jedesmal ein weiterer Elektroschock. Als sie endlich von mir ließen und ich taumelnd abgeführt wurde, schleppte man einen toten Nordkambodschaner aus der Folterkammer, zu Tode gepeinigt.

Die Prozedur wiederholte sich. Wieder ein halbes Dutzend Stromstöße. Darüber hinaus wurde ich gezwungen, einen Bottich Pferde-Urin zu trinken. Mir wurde nicht einmal übel von dem salzig schmeckenden Zeug. Es hat nur meine Leber ruiniert.

Meine Peiniger änderten die Taktik. Sie versuchten, Mary und mich gegeneinander auszuspielen. »Die Inderin sagte ...«, hielten sie mir vor. Zu Tode erschöpft, wurden wir zusammen verhört. Faustschläge ins Gesicht, Fußtritte in Bauch und Unterleib. Mary lag am Boden – bewegte sich nicht mehr.

In meiner Verzweiflung schrie ich die Namen aller prominenten Amerikaner, die mir bekannt und in Indochina stationiert waren. Ich nannte den Namen eines Mitarbeiters der US-Botschaft in Saigon.

Offensichtlich nahm man telefonisch Rücksprache, erfuhr sogar, daß ich bei meinem Gespräch mit Ho Chi Minh 1967 einem US-Kriegsgefangenen zur Freiheit verholfen hatte. Das war meine Rettung. Ich wurde mit dem besten Essen aufgepäppelt, medizinisch versorgt. Doch kurz darauf drückte mir ein südkambodschanischer Offizier sein »Bedauern« wegen des für beide Seiten doch so unangenehmen »Zwischenfalles« aus; Mary hatte die »Behandlung« nicht überlebt.

Ich wurde nach Saigon geflogen und in ein Krankenhaus gebracht. Am Kopfende des Bettes hing eine Karteikarte mit dem Vermerk: »Autounfall. Schwere innere Kopfverletzungen.« Wütend strich ich »Autounfall«, schrieb »Folterungen« darüber. Das Personal wechselte die Karte immer wieder aus, sosehr ich auch gegen die Lüge protestierte.

Bei meinem nächsten USA-Aufenthalt entschuldigte sich ein Regierungsbeamter für das »Versehen« in Kambodscha. Ich verlor für einen Moment die Beherrschung: »Versehen nennen Sie das? Wenn eine junge, unschuldige Frau zu Tode getreten wird? Wenn Menschen noch schlimmer als Tiere behandelt werden? Das war kein Versehen, sondern das war und ist Methode – übelste, barbarische Gestapo-Methode; organisierte, mörderische Quälerei!«

Die amerikanische Regierung übernahm sämtliche Kosten für einen Kuraufenthalt in der Schweiz und zahlt noch heute eine Hinterbliebenenrente für Mary, von der elf indische Familien leben.

Mein Sohn war bei den Roten Khmer

Aus der Lebensgemeinschaft mit meiner asiatischen Lebensgefährtin Mary hatte ich einen Sohn. Er kämpfte bei den Roten Khmer, die meiner Meinung nach nicht marxistisch ausgerichtet sind, sondern stalinistisch. Ich konnte meinen Sohn 1989, als ich ihn das letzte Mal sah, nicht dazu bewegen, die Roten Khmer zu verlassen, um in Europa zu studieren. Es schmerzt mich, daß sein Haß gegen alles Weiße groß war. Ich kann diesen Haß sehr gut verstehen nach allem, was die Weißen in Kambodscha angerichtet haben. Verstehen heißt aber nicht gutheißen. Ich glaube, ohne den Massenmord der US-Amerikaner wäre Pol Pot nicht zum Massenmörder geworden. Von 1975 bis 1979 währte sein Terrorregime, dem mindestens eine Million Menschen zum Opfer gefallen sind. Pol Pot starb 1998, ohne je vor Gericht gestellt worden zu sein.

Bei meinem Kambodscha-Besuch 1996 erfuhr ich, daß mein Sohn 1995 »enthauptet« worden war. Einen Grund konnte ich nicht erfahren. Sein Leichnam sei verbrannt worden. Ich könne nur noch seinen Kopf sehen, worauf ich verzichtete.

Kambodscha ist heute ein Land voller Korruption und Schwarzmarkt. Die Armut ist unvorstellbar. Die Elendsviertel außerhalb der Hauptstadt Phnom Penh sind teilweise schlimmer als in Bombay. Der Krieg hat seine Spuren hinterlassen. Die Feindbilder verblassen langsam. Aber überall und nirgends, auf den Feldern, in den Straßen, auf den Wegen, alles war vermint. Wie viele Leute fliegen ganz unverhofft in die Luft! Dieses Land hat wohl die meisten Kriegsversehrten.

Ich habe mich über den Einsatz von Sanitätssoldaten der Bundeswehr in Phnom Penh Anfang der neunziger Jahre gefreut. Die Kambodschaner gaben dem von ihnen eingerichteten Krankenhaus den Namen »German Hospital«. Nach alledem, was ich aus Kambodscha gehört habe, taten die Soldaten dort einen ausgezeichneten Dienst im Rahmen des UN-Einsatzes.

Meine Haltung zur Bundeswehr bleibt trotzdem unverändert. Ich bin gegen jeden militärischen Einsatz von Bundeswehr-Soldaten, nachdem was ihre Großväter in deutschem Namen in vielen Teilen der Welt angerichtet haben.

Gewalt löst nichts

Vietnam, Kambodscha, die Ausbeutung der Dritten Welt, die verdrängte deutsche Vergangenheit: Das mobilisierte die 68er Generation. Es kam in der Bundesrepublik zu Demonstrationen, Teach-ins, Sit-ins. Gewalt gegen Sachen wurde praktiziert. Enttäuscht durch unser Nichtstun zündete die Baader-Meinhoff-Gruppe ein Warenhaus an, ohne damit Menschenleben gefährden zu wollen. Mit dabei Gudrun Ensslin. Ich kannte ihre Eltern: ihr Vater ein pazifistischer württembergischer Pfarrer, ihre Mutter Ilse gleichsam gewaltfrei eingestellt.

Die Baader-Meinhoff-Gruppe (RAF = Rote Armee Fraktion) entschied sich, Gewalt gegen Menschen auszuüben: Mord – ein Verhalten, das ich nicht teilen konnte und auch heute nicht teilen kann. Eines der Opfer: Arbeitgeberpräsident Hanns-Martin Schleyer.

Es muß jedoch erlaubt sein zu erwähnen, wer dieser Mann war. In geschönten Nachschlagewerken ist heutzutage von seiner Familie zu lesen, seinem beruflichen Werdegang bis zum Vorstandsmitglied bei Daimler-Benz, nichts jedoch von seiner braunen Karriere. Schleyer hat das Nazi-Regime bis zur letzten Patrone verteidigt. Bereits 1931, zwei Jahre vor Hitlers Machtübernahme, ist er freiwillig der »Hitlerjugend« beigetreten. Als 19jähriger Student wurde er in Heidelberg als »alter Kämpfer« begrüßt und dort Leiter des »Reichsstudentenwerks«. Er wurde SS-Mitglied Nr. 227 014, trug das »Goldene Ehrenzeichen« der Partei, stieg zum SS-Scharführer und Schulungsleiter des SS-Rasse- und Siedlungshauptamtes auf, dann zum SS-Oberscharführer. In der von uns Deutschen besetzten Tschechoslawkei kennt man ihn noch heute als Leiter der gesamten Partei- und SS-Hochschularbeit im »Protektorat« und »Sudetengau«. Drei Jahre hielten ihn die Alliierten nach dem Krieg gefangen. Danach trat er der CDU bei, die ihn wie viele seinesgleichen vor seiner Vergangenheit schützte.

Heute ist in Stuttgart eine große Halle nach Hanns-Martin Schleyer benannt. Hier finden internationale Sportereignisse statt, hat Bundespräsident Herzog gesprochen. Selbst Veranstaltungen des Evangelischen Kirchentages wurden hier 1999 durchgeführt. Viele Menschen im Ausland, nicht nur Juden, können nicht verstehen, daß diese Halle den Namen eines hohen SS-Führers trägt.

Gegen den Strom schwimmen

Das Elend in der Welt hat mich nicht in Ruhe gelassen, auch nicht, als ich nach all den Jahren im Ausland 1972 wieder nach Deutschland zurückkehrte, in ein Land, das mir einen Kulturschock versetzte, eine Gesellschaft, die mir oft narkotisiert vorkommt. Ich habe immer gegen den Terror der Gewohnheiten gekämpft, es als meine Pflicht angesehen, mich als Christ in die Politik einzumischen, mich bemüht, den Armen und Stummen meine Stimme zu leihen.

Für mich war die Bundesrepublik nie ein christliches Land. Der größte Teil der Bevölkerung, selbst unter den Kirchenmitgliedern, gehört zu den Agnostikern. Sie leugnen also die rationale Erkenntnis des Göttlichen. Nur wenige leben als Jünger Jesu und versuchen, radikal in seiner Nachfolge zu stehen. Worte wie »Christentum« oder »christlich« gibt es nicht im Neuen Testament. Das sind atheistische Begriffe der späteren Kirche.

Wir spielen uns als Herren der Welt auf. Wir sprechen von christlicher Ethik, aber leben genau das Gegenteil. Wo bleibt der Einfluß der Kirche Jesu Christi? Wenn es mit dieser Welt so weitergeht, ist die Apokalypse nahe. Der Rüstungswahnsinn hat kein Ende. Die ökologische Katastrophe scheint unausweichlich. Immer mehr Fortschritt, Fortschritt, Fortschritt, auch wenn die Ehrlichen unter uns wissen, es ist ein Rückschritt. Nach uns die Zukunft.

Wie entsetzt war die Kirche, als Hiroshima passierte? Wie entsetzt waren wir Christen, als es zum Super-GAU in Tschernobyl kam? Wir schnarchen betäubt, ignorieren, daß es schon eine halbe Minute vor zwölf auf Gottes Uhr ist. Und dennoch ist es für mich noch nicht zu spät. Aber nur, wenn wir zur Bergpredigt zurückkehren, zur Botschaft Jesu

Christi und weg von einer Theologie, die nichts mit ihm zu tun hat.

In der Bergpredigt steht der Satz: »Ihr sollt euch nicht Schätze sammeln auf Erden, wo sie die Motten und der Rost fressen« (Matthäus 6, 19). Wie wahr – damals wie heute! Einer unserer Schätze ist eine Theologie, die immer noch eine starke Bindung zwischen Thron und Altar, zwischen Bundesregierung und Kirche predigt.

Jesus hält uns mit der Bergpredigt unser Versagen vor Augen. Wenn wir so weitermachen oder uns gleichgültig verhalten, werden wir nicht nur Schaden an unserer Seele, sondern auch am Körper nehmen.

Jesus war kein Superman

Jesus verlangt von uns nur das, was er von sich selbst verlangt hat. Er predigte, was er lebte, was er vorlebte. Wir sind nicht bereit, seine Konsequenzen zu ziehen. Für mich ist Jesus der Hohepriester, der Sohn Gottes, der nach einem politischen Prozeß, kaum mehr als 30 Jahre alt, hingerichtet wurde.

Christen müssen Unrecht öffentlich anklagen; das ist eine prophetische Aufgabe, wenn man als Christ Klarheit über seine Berufung in die Nachfolge gefunden hat. Sie bedeutet auch eine Absage gegen die schlimme Droge des Immer-Mehr, des Erfolges.

Man hat mir oft vorgeworfen, mein Leben sei voller Widersprüche. Warum soll es die nicht geben? Ich lerne mit der aufgeschlagenen Bibel jeden Tag neu dazu, und das heißt, daß ich heute einen anderen Standpunkt habe als gestern. Darum sind auch sogenannte »christliche Prinzipien« vom Teufel. Ein Mensch in der Nachfolge Jesu Christi kann keine Prinzipien haben. Er muß jeden Tag neu vom Worte Gottes her im Gebet entscheiden. Ständig neu überlegen, abwägen, protestieren – immer wieder versuchen, neue Möglichkeiten zu finden. Daß mir als Sohn eines preußischen Offiziers aus dem Ersten Weltkrieg eine solche Einstellung schwerfällt, gebe ich gerne zu.

Ich war immer Pastor und Pädagoge

16 Jahre bis zu meiner Rente bin ich an Berufsschulen in Duisburg als Religionslehrer tätig gewesen. Obwohl ich nie eine Gemeinde hatte, habe ich doch gepredigt, das Heilige Abendmahl ausgeteilt, Trauungen und Beerdigungen vorgenommen, Kinder getauft.

Ab und zu habe ich die Eltern der Täuflinge und die Paten ein wenig schockiert. Alles war bereit, um zur Amtshandlung zu schreiten, alle Dokumente waren abgegeben, und ich sagte den Anwesenden: »Oh, oh, ein Dokument fehlt.« Alles war in Aufregung. »Aber vor ein paar Tagen war doch alles in Ordnung.« Ich erwiderte: »Aber ein Dokument fehlt.« Ich ließ mir drei, vier Minuten Zeit und sie entsetzlich warten, bis ich sagte: »Ja, dann müssen wir die Taufe verschieben.« Und immer wieder die Frage, welches Dokument denn fehle. Schließlich antwortete ich: »Ja, Ihr Mitgliedsausweis von Greenpeace.« Für ungefähr 20 bis 30 Sekunden blieb ich dabei ernst, dann grinste ich und sagte: »Natürlich geht die Taufe über die Bühne ohne Ihre Greenpeace-Mitgliedschaft«, die die Leute auch nicht hatten. Aber ich sagte den Eltern und Paten noch kurz vor der Taufe, daß sie sich für Greenpeace oder irgendeine andere Umweltorganisationen engagieren müßten, wenn dieses Kind, das getauft werden sollte, eine Zukunft haben sollte. Was Umweltschutz angeht, sei kein Verlaß auf die Kirche, auf die Politiker, auf die Regierungen. Es sei unsere Pflicht, uns einzumischen.

Ich weiß, daß derartige Dinge nicht zulässig sind, aber ich vertraue darauf, daß Jesus für zwei, drei Minuten lächelnd zugeguckt hat.

Wir müssen provozieren. Ich kann nicht ertragen, daß man über die Opfer in Hiroshima, in Vietnam, Afghanistan,

Somalia und anderswo, über Menschen, die auf der Straße krepieren, über die Gefahren von Atomkraftwerken oder Atomrüstung, über Umweltverschmutzung und Klimakatastrophe . . . spricht und sich dann abwendet und zur Tagesordnung übergeht, als sei nichts geschehen. Der materielle Wohlstand wächst, ebenso die geistige und seelische Verarmung. Jugendliche haben alles, aber sind innerlich leer. Das ist eine Erfahrung, die ich als Lehrer machen mußte.

Es ist unsere Erziehung, die dazu führt, daß heute die Jugend alles ankotzt, daß sie konsumieren will, aber nicht bereit ist, in bescheidenem Maße etwas zur Veränderung der Welt beizutragen. Individualismus macht sich breit. Nur ein Prozent engagiert sich. »Born to shop« sei der Grundsatz der heutigen Jugend, stellt eine 1993 durchgeführte Studie des Hamburger BAT-Freizeitforschungsinstituts fest. »Mehr als andere Bevölkerungsgruppen«, schreibt Professor Horst Opaschowski, »stehen Jugendliche unter einem fast sozialen Druck des Konsumieren-Müssens.« In der Freizeit fühlten sich viele »voll gestreßt«.

Schon vor vielen Jahren warnte Ali Wacker: »In Deutschland – zuvörderst immer eher Staats- als Gemeinwesen – beginnt es kalt zu werden. Es ist zunächst eine soziale Kälte mit der Verfolgung Andersdenkender, der Diskriminierung von Abweichlern, der Verpflichtung auf Prinzipien aggressiver Selbstbehauptung, der Aussonderung der Hilflosen und Schwachen. Die Jugendlichen sind in die Zange genommen: Verbindliche Leitbilder, die immer auch ein Versprechen auf eine gemeinsame Zukunft enthalten müssen und die Jugendliche in die Gestaltung dieser Zukunft einbeziehen, existieren nicht oder sind auf das ängstliche Gerede über den Generationenvertrag in der Rentenversicherung heruntergekommen; Schule, Eltern, Betriebe setzen die Jugendlichen unter erhöhte Leistungsanforderungen nach dem Modell von Chancengleichheit, das dem Wettlauf gefangener Ratten entspricht. Die Frage Max Frischs – ›Außer der Einladung zum fröhlichen Konsum als Voraussetzung für Wirtschaftswachstum, welches Ziel –

über die eigene Person hinaus –, welchen Daseinssinn?‹ – findet hierin sicherlich keine Antwort.«

Wir leben in unserer westlichen Wohlstands-Verwahrlosung. Die Freizeit-, Urlaub-, Spaß-, Fernseh-, Gameboy-, Computer- und Techno-Generation hat dafür gesorgt, daß von Deutschland im Ausland nur noch Bundeswehr, Autos, Sport und Rechtsextremismus wahrgenommen werden. Alte wie Junge erweisen sich vielfach als Schlaffies und Schwätzer.

Wir haben kein Recht, uns über die Jugend aufzuregen. Wir dürfen uns nicht wundern, wenn die Verzweiflung über die eigene zukunftslose Perspektive sich ausbreitet. Unsere Gesellschaft läßt es zu, daß sich täglich fünf Kinder das Leben nehmen wollen. Jeder vierte Jugendliche bricht seine Lehre ab. Viele Auszubildenden geben an, sie hätten Probleme mit Ausbildern und Kollegen. Sie müßten Dinge tun, die nichts mit der Ausbildung zu tun haben. Man habe sich den Beruf anders vorgestellt. Aus der Sicht der für die Ausbildung Zuständigen wird meistens entgegengehalten, die Lehrlinge seien ungeeignet, hätten keine Motivation, fehlten häufig oder erbrächten mangelnde Leistungen.

Zur Kritikfähigkeit erziehen

Mein Ziel war es, jungen Menschen zu zeigen, daß es Spaß macht, sich mehr Wissen anzueignen, um sein eigenes Leben und das Leben anderer zu verbessern. Schüler zur Kritikfähigkeit zu erziehen, mit der wirklichen Welt fertig zu werden, war meine schönste Aufgabe. Ich habe versucht, gegen die Anpassung zu erziehen, Mut zu machen, tapfer gegen den Strom zu schwimmen. Die Selbstbestimmung der Schüler war trotz vorgeschriebenen Lehrplanes für mich wichtig. Natürlich sind gewisse Zwänge in der Schule unumgänglich: Pünktlichkeit, Haus- oder Schularbeiten, aber mir ging es darum, die Jugendlichen auf das Leben vorzubereiten, was nicht immer leicht war.

Ich habe versucht, Konflikte offen auszutragen, was nicht immer gelang. Ich hatte immer wieder Schwierigkeiten während meines Unterrichts – erst an der Berufsschule für kaufmännische Lehrlinge –, wenn mich die Ausbilder von Deutscher, Dresdner oder Commerzbank anriefen, als ich im Religionsunterricht auf die schlimmen Nazi-Verbrechen dieser drei Banken hingewiesen hatte. Später an der Berufsschule für Kfz- und Elektromechaniker hatte ich Anrufe, als wir über die Nazi-Verbrechen der Firmen Krupp, Thyssen, Rheinmetall und anderer sprachen. Ohne diese Großkonzerne, vor allem der Schwerindustrie, wäre Hitler nie an die Macht gekommen. Daß Krupp zu Gefängnis verurteilt wurde, sein Betrieb nach dem Krieg enteignet worden war, das sollte im Unterricht nicht erwähnt werden. Es gehört aber zum Thema Kirche im »Dritten Reich«, denn damals wie heute sind die leitenden Manager oft auch führende Männer in den höchsten kirchlichen Gremien.

Als ich in verschiedenen Schulklassen wiederholte, welche Rolle der von der RAF ermordete Arbeitgeberpräsident Schleyer im »Dritten Reich« gespielt hatte, beschwerten sich ab und zu Ausbildungsleiter ehemaliger NS-Betriebe beim Schulleiter, einem CDU-Mitglied, obwohl ich mich deutlich von der RAF distanziert hatte. Der Schulleiter informierte das Kultusministerium, damals geleitet vom SPD-Politiker Jürgen Girgensohn, einst Mitglied der SS. Ich wurde daraufhin eine Woche vom Unterricht suspendiert. Da ich als Berufsschulpastor auch der Kirche unterstellt war, setzte diese einen Untersuchungsausschuß ein. Ich mußte erneut eine Lehrprobe machen und durfte danach meinen Unterricht fortsetzen. Der Schulleiter grüßte mich fortan nicht mehr. Nach einem Jahr bat ich um Versetzung an eine andere Berufsschule, wo eine größere Lehrfreiheit herrschte.

Ich versuchte einen Religionsunterricht durchzuführen, in dem auch die anderen Religionen Beachtung fanden. Der Ausländeranteil an der Schule war hoch. Die meisten gehörten dem Islam an.

Den Schülern waren Fragen wichtig wie Soldatsein oder Kriegsdienstverweigerung, Selbstmord, § 218, Arbeitslosigkeit, Ausländerhaß, Kommunismus und DDR. Es war auch ein gewisses Interesse für die verschiedenen Länder, die ich besucht habe, vorhanden. Den Enkeln des Wirtschaftswunders die Not der Dritten Welt klarzumachen, war nicht einfach, aber nicht unmöglich.

Ich strebte nach Gemeinsamkeit. Ich habe immer wieder versucht, Vorbilder aufzuzeigen. Viele Schüler haben mir nicht geglaubt, daß man einfach leben kann. Ohne Anmeldung kamen sie manchmal bei mir zu Hause vorbei, um zu sehen, daß meine Möbel tatsächlich zum größten Teil vom Sperrmüll stammen.

Ich habe während meines Lehrerdaseins rund 300 Hausbesuche bei Schülern gemacht. Ich habe mich nie aufgedrängt, sondern mich als Gesprächspartner angeboten, wenn es Schwierigkeiten im Elternhaus, mit Freund oder Freundin gab, es zu Diebstahlsdelikten oder Selbstmordversuchen gekommen war oder die Eltern einfach wissen wollten, wer dieser Lehrer war ...

Natürlich gibt es intakte Elternhäuser. Die meisten machen jedoch einen kaputten Eindruck. Viele Eltern sind geschieden oder leben getrennt. Sie nehmen sich für ihre Kinder zuwenig Zeit. Sehr viel Alkohol ist im Spiel. Die Jugendlichen sind sich oft selbst überlassen, und wenn sie einmal über die Stränge schlagen, droht ihnen immer noch die Prügelstrafe. Sie müssen morgens alleine aufstehen. Ohne Frühstück kommen sie zur Schule. In den Pausen ernähren sie sich von Coca-Cola, Chips und Süßigkeiten. Kommt man mit Schülerinnen und Schülern privat ins Gespräch, klagen nicht wenige über Kopfschmerzen, Schlafstörungen, Magenschmerzen, Depressionen, Streß. Der Tablettenkonsum nimmt zu. Zehn bis fünfzehn Prozent würde ich als seelisch gestört bezeichnen. Sie brauchen eine psychologische, wenn nicht sogar eine psychiatrische Behandlung.

Sicherlich wird von Jugendlichen in der Schule etwas verlangt, jedoch nicht viel mehr als früher. Doch sie sind zu abgelenkt, unkonzentriert, teilweise aggressiv. Nach einem anstrengenden Wochenende mit Feten bis spät in die Nacht, nach Dauerfernsehen und Computerspielen ist mit ihnen am Montag im Unterricht nichts anzufangen. Sie haben Mühe, nicht einzuschlafen.

Der Schulalltag ist immer mehr von Verrohung geprägt. Jährlich gibt es in Deutschland 100 000 Verletzte bei Schulprügeleien. 40 Prozent entfallen auf Hauptschüler, obwohl ihr Anteil an der Gesamtzahl der Schüler nur bei 14 Prozent liegt.

An der zunehmenden Aggressivität hat meines Erachtens der häufige Fernseh- und Video-Konsum der Jugendlichen wesentlichen Anteil. Das wird durch eine Untersuchung des Hamburger BAT-Freizeitforschungsinstituts bestätigt, derzufolge 16 Prozent der befragten Jugendlichen zwischen 14 und 19 Jahren 1993 angaben, dauerndes Fernsehen löse bei ihnen Aggressivität aus.

Die Orientierungslosigkeit und Unzufriedenheit, die das Leben der Jugendlichen überschattet, schlägt um in Gewalt und Ausländerfeindlichkeit. Man ist geil auf Schrekken und Grauen.

Viele Eltern sehen in der Schule eine Art »Erziehungsfabrik«, wo die Lehrer das nachholen sollen, was sie selbst nicht geschafft haben. Aber dann ist es zu spät. Die Lehrer sind hilflos, zum Scheitern verurteilt. Durch ihre praxisferne Ausbildung sind sie zudem Wissensvermittler, nicht Ratgeber, Persönlichkeit, Vorbild. Sie wissen zu wenig davon, was die Kinder denken und fühlen. Obwohl Pädagogen ihre Schüler als »ganze Menschen« sehen sollten, ist dies vielfach nicht der Fall. Berührungsängste zwischen Schülern und Lehrern und umgekehrt sind stark. Und nicht selten mangelt es in den oft überalterten Kollegien an Engagement. Ökologie- und Friedenserziehung haben längst nicht den Stellenwert, der ihnen gebührt. Zurückblickend auf meine eigene Lehrertätigkeit, würde ich viele

Erzieher auf die Anklagebank setzen. Die meisten meiner Kolleginnen und Kollegen – wie auch unter Pfarrkolleginnen und -kollegen – gehören noch zur Wirtschaftswundergeneration und sind sehr wenig belastbar, oft krank oder fehlen aus ähnlichen Gründen im Dienst.

Das Schlimmste ist, daß die meisten Lehrer in Deutschland Beamte sind. Erweisen sie sich als unfähig, sind sie unkündbar, genießen aber alle möglichen Privilegien. Sie zahlen keine Beiträge zur Altersversorgung, erhalten 100 Prozent ihrer Krankheitskosten erstattet. Sie sind auf die Treue zum Staat vereidigt worden. Ein Jünger Jesu kann jedoch, wie das »Dritte Reich« gezeigt hat, kein Staatsdiener sein.

Für mich war Lehrersein kein Job, sondern eine verantwortungsvolle Aufgabe. Ich habe es den Schülern nicht leicht gemacht. Doch Schule könnte bei allem Freude machen. Sie sollte fröhlicher und lebendiger sein. Aber die Schule von heute erzieht die Jugend zu einer Jugend von gestern – seelisch verarmt, ohne Hoffnung auf die Zukunft, ohne Mut zum Widerspruch, ohne die Erfahrung von Humanität.

Wir brauchen keine schulgerechten Kinder, sondern kindergerechte Schulen! Wir müssen uns bewußt werden, daß Lernen ein lebenslanger Prozeß ist. Im Neuen Testament bedeutet der Begriff für Jünger auch der Lernende. Lehrende und Lernende bleiben Schüler. Wenn man mich fragt, welcher Pädagoge mein größter Lehrer war, von dem ich am meisten gelernt habe, der mich am stärksten beeinflußt hat, sage ich: Am meisten habe ich von meinen Schülerinnen und Schülern gelernt! Ihre Sehnsüchte, Wünsche und Bedürfnisse, ihre Zweifel, Nöte und Depressionen machen nur zu deutlich, wie es um unsere Gesellschaft bestellt ist.

Erfülltes Leben in Askese

Ich habe seit 1960 keinen einzigen Tag Urlaub genommen, abgesehen vielleicht von einigen wenigen Wochenenden im Jahr, wo ich »frei« war. Solange es mein gesundheitlicher Zustand noch zuließ, hatte ich einen 20-Stunden-Tag. Jetzt brauche ich sechs Stunden Schlaf. Die biologische Altersbremse wirkt.

Seit fast 20 Jahren lebe ich in einer Dachwohnung. Ich rauche nicht. Ich trinke selten Alkohol. Ich bin zu 80 Prozent ein Vegetarier. Ich habe zu Hause keine Margarine, auch keine Butter, weder Salz noch Zucker, besitze nicht einmal einen Herd. Das sind keine Ideologien für mich, sondern ich brauche es nicht. Ich halte die Fastenzeit der Christenheit ein. Oftmals gehe ich weiter und beachte, mehr oder weniger streng, die Zeit des Ramadan der Muslims und Musliminnen, nicht nur weil mir das ein gemeinsamer Gott vorschreibt, sondern weil ich mich durch den Verzicht auf Essen auch dazu zwinge, mich mit den Millionen und Abermillionen Menschen zu solidarisieren, die das ganze Leben so leben müssen. Ich gebe monatlich 190 DM für Essen und Trinken aus.

Bei all meiner Arbeit habe ich mir immer Zeit genommen, einmal im Monat ins Theater oder ins Kino zu gehen oder mich an Musik zu erfreuen, vor allem Mozart, aber auch Jazz. Und ich habe viel gelesen.

Ich habe mir keine Zeit für gesellschaftliches Gequatsche und andere Nichtigkeiten genommen. Familiäre Feiern waren für mich immer eine Zeitverschwendung. Seit mehr als 35 Jahren habe ich meinen Geburtstag nicht gefeiert. Mir fehlt deshalb nichts.

Ich höre regelmäßig – das habe ich mir im Krieg angewöhnt – ausländische Nachrichten in deutsch oder englisch auf Kurzwellensendern. So kann sich jeder bestens informieren. Und das ist notwendig. Denken wir nur an den Irak-Krieg. Wir wurden von morgens bis abends 24 Stunden lang mit Halb- und Unwahrheiten des US-Senders

CNN vollgedröhnt. Über Kurzwelle waren die einzigen Gegeninformationen erhältlich. Aber wir vertrauen den TV-News, hören UKW, wenn es hoch kommt noch Mittelwelle. Da brauchen wir uns nicht wundern, wenn wir nur einseitig oder zum Teil gar nicht über bestimmte Sachverhalte unterrichtet sind.

Während meines Schuldienstes habe ich nicht einen Tag extra Urlaub beantragt, um in irgendein Dritte-Welt-Land zu reisen. Ich nutzte Oster-, Sommer-, Herbst- und Weihnachtsferien, um Einladungen zu Konferenzen, Tagungen und Vorträgen nachzukommen. Ich habe bei meinen Aufenthalten in allen fünf Kontinenten nie in einem Hotel und nur selten in einem Hospiz gewohnt, auch nicht in Studentenheimen. Ich habe immer bei Leuten wie du und ich übernachtet, auf dem Fußboden, auf der Couch oder einer Matratze.

Alles in allem habe ich über 70 Länder besucht, mehr als 300 000 Flugmeilen zurückgelegt. Ich habe Politiker und Wissenschaftler, Kirchenvertreter und Gewerkschafter getroffen, aber auch immer mit dem Mann und der Frau auf der Straße gesprochen. Es war oft schwierig, gleich Notizen zu machen. Ich half mir mit dem Toiletten-Trick. Wenn ich zum Beispiel einen Präsidenten oder Ministerpräsidenten besucht hatte, ging ich sofort aufs WC und habe dort meine Notizen gemacht, um nichts Wichtiges zu vergessen. Ich habe mir nach jeder Schulunterrichtsstunde ein paar Stichworte über den Inhalt oder über die SchülerInnen aufgeschrieben. Geblieben sind Aktenberge; in meiner Dachwohnung gibt es keinen Raum mehr, einschließlich der Küche, wo kein Regal mit Büchern und Ordnern steht. An den Wänden hängen keine wertvollen Bilder, meist Poster, die Not und Folter der Dritten Welt zeigen. Überall liegen unbeantwortete Briefe, auf Tischen, auf dem Fußboden. Wenn ein Besucher kommt, ist es schwer, einen Sitzplatz für ihn freizumachen.

Sonne, Sand und Sex

Vor einigen Jahren habe ich zum wiederholten Male Sri Lanka besucht. Der Ausnahmezustand war ausgerufen. Auf der Insel herrschte ein entsetzlicher Bürgerkrieg zwischen den »Befreiungstigern« der tamilischen Bevölkerungsminderheit im Norden und Osten und den sri-lankischen Streitkräften. In dem seit 1983 andauernden, vergessenen Krieg sind, so schätzt man, 50 000 Menschen ums Leben gekommen. Das Militär antwortete auf die Aktionen der »Tamil Tigers« mit Massakern. Aber die Deutschen, die ich in einem Hotel in der Hauptstadt Colombo besuchte – ich wohnte bei einem evangelischen Pfarrer –, wußten von alledem nichts. Als ich sie fragte, warum denn am Strand, wo sie baden würden, rechts und links Soldaten stünden, antworteten sie mir, man hätte ihnen gesagt, die seien dort, um auf Ratten zu schießen. Sie kamen überhaupt nicht auf die Idee, daß in diesem Land ein furchtbarer, blutiger Krieg mit Mord und Totschlag geführt wurde. Und sie kamen »happy« wieder zurück, sonnengebräunt, mit unendlich vielen langweiligen, nichtssagenden Farbdias, die immer und immer wieder vorgeführt wurden. Wilhelm auf dem Bauch liegend am Strand, Wilhelm auf dem Rücken liegend am Strand, Wilhelm beim Kopfstand, Wilhelm beim Jogging, Wilhelm beim Baden, Luise mit und ohne oben, abends an der Bar das trinkend, was man schon von zu Hause kennt. Und doch gab's noch zu viele Fliegen, womöglich noch Kakerlaken . . . Diese Menschen haben nichts gesehen, nichts erlebt – auch nicht gegessen, schon gar nicht einheimische Speisen, sondern gefressen, und zwar europäische Kost, die eingeflogen werden mußte – und draußen saßen die Menschen, im Alter von fünf bis achtzig, und bettelten.

»Neckermann macht's möglich«: »Sri Lanka/Ceylon. Die Tropeninsel. Zum Superpreis! Wenn Sie einmal Ferien an einem exotischen Strand verbringen möchten, empfehlen wir Ihnen Sri Lanka. Flache Sandküsten laden zum Baden ein«, wirbt das Reiseunternehmen, das sich damit brüstet: »Neckermann war der Wegbereiter des deutschen Tourismus auf dieser Tropeninsel.«

Wir haben Geld wie Heu, wenn es um unseren Urlaub geht. 1999 gaben die Deutschen für Auslandsreisen 86,4 Milliarden Mark aus. Hätten sie dabei wenigstens etwas erfahren von den Menschen in den Slums von Los Angeles, von den unterbezahlten Kellnern und Kellnerinnen auf den Kanarischen Inseln, von den Kämpfen unter den Schwarzen in Südafrika, von der Lage der Aborigines in Australien, wäre es ja gut.

Die meisten Leute wollen vergessen. Über 500 Millionen Menschen, das ist ein Achtel der Weltbevölkerung, machen jährlich Urlaub im Ausland. Sie kommen genauso dumm zurück, wie sie weggefahren sind. Sie hinterlassen böse Spuren, wo immer der Tourismus Fuß faßt.

Dritte-Welt-Aufenthalte werden heute als Tourismus oder Abenteuer betrachtet. Wir wollen uns ja »entspannen«, auf Kosten der Armen. Und dann wundern wir uns, daß wir »Herrenmenschen« in der Dritten Welt überfallen und bestohlen werden.

Besonders erschütternd ist der Sextourismus. Seit Jahren fliegen täglich »Bums-Bomber« nach Thailand. Weit über fünf Millionen Menschen, die meisten sind Männer, besuchen jährlich das asiatische Land, bekannt für seine Bordelle, Frauenhandel und Kinderarbeit. Zwei Millionen Frauen und Kinder, so wird geschätzt, prostituieren sich in Thailand, weil sie keine andere Möglichkeit sehen, ihre Familien zu ernähren. Davon sind 800 000 Kinder und Jugendliche. Angesichts der Angst vor Aids steigt der »Bedarf« an Jungen und Mädchen rapide. Die »sauberen« ausländischen Kunden wollen ungeschützten Sex und lassen sich eine Jungfrau etwas kosten. Selbst die deutsche Botschaft in Bangkok erhält Anfragen wie diese: »Für meinen Aufenthalt in Bangkok möchte ich gerne ein Thai-Mädchen engagieren. Um aber nicht mit Tripper oder Syphilis nach Deutschland zurückzukommen, möchte ich sie gerne dort von einem Hautarzt oder einer Klinik untersuchen lassen. Ich wäre Ihnen sehr dankbar, wenn Sie mir die Adresse eines garantiert einwandfreien Arztes oder eine Klinik mitteilen würden. Eventuell auch die Ca.-Kosten einer Untersuchung. Oder gibt es in Bangkok eine Stelle, die garantiert gesunde Mädchen vermittelt?«

Hier wird der Nord-Süd-Konflikt hautnah ausgetragen – und die Opfer sind Frauen und Jugendliche, Jungen und Mädchen.

»Tourismus und Prostitution haben sich verbunden und sind zu einem durchorganisierten Geschäftszweig geworden«, heißt es in einem Papier der Vereinten Nationen. Angefangen hatte alles mit dem Militär. Frankreich und die USA errichteten im Indochina-Krieg offizielle Feldbordelle für ihre Soldaten, um die Kampfmoral zu stärken. Während des Vietnam-Krieges wurde Thailand von den US-Amerikanern zur »Sex-Etappe« ausgebaut. »Rest & Recreation« – Ruhe und Erholung – wurden die Trips genannt. Als die Truppen abzogen, rückten die Touristen nach.

Gegen das Unrechtssystem des Militärs und des Thai-Königs protestierten im Frühjahr 1992, ähnlich wie 1989 in China, Studenten gewaltlos. Es wurden damals in Thailand mehr Leute erschossen als auf dem Platz des Himmlischen Friedens in Peking. Aber hierzulande meldeten die Reisebüros, daß die thailändischen »Badeziele nicht von den Gewaltausschreitungen betroffen« seien. Wie schön für die Touristen!

Bleiben Sie lieber daheim!

Unsere Kirchen tragen wenig dazu bei, daß Deutsche sich im Ausland respektvoll gegenüber den Menschen verhalten, deren Land sie besuchen. Die meisten ihrer Ökumene-Referenten waren selbst nie längere Zeit in der Dritten Welt, und wenn, dann nur auf Missionsstationen.

Wer nach Afrika, Asien und Lateinamerika reisen und sich dort »wie zu Hause« fühlen will, den fordere ich auf, mit Balkonien oder dem nächstgelegenen Baggersee vorlieb zu nehmen. Deutsches Heim, Glück allein. Wer jedoch die Welt kennenlernen will, sollte die zwölf Punkte beachten, die die Christian Conference of Asia (Christliche Konferenz Asiens) formuliert hat:

1. Beginnen Sie Ihre Reise mit dem Wunsch, mehr über das Land und seine Menschen zu erfahren.

2. Respektieren Sie die Gefühle der gastgebenden Bevölkerung. Bedenken Sie, daß Sie durch Ihr Verhalten auch ungewollt verletzen können. Dies betrifft vor allem das Fotografieren.

3. Machen Sie es sich zur Gewohnheit, zuzuhören und zu beobachten, anstatt nur zu hören und zu sehen.

4. Halten Sie sich vor Augen, daß andere Völker oft andere Zeitbegriffe haben. Das heißt nicht, daß diese schlechter sind – sie sind eben verschieden.

5. Entdecken Sie, wie interessant und wertvoll es sein kann, eine andere Art des Lebens kennenzulernen.

6. Machen Sie sich mit den örtlichen Sitten und Gebräuchen vertraut. Sie werden sicher jemanden finden, der Ihnen dabei hilft.

7. Legen Sie die Gewohnheit ab, auf alles eine Antwort parat zu haben. Seien Sie mal derjenige, der eine Antwort haben möchte.

8. Denken Sie daran, daß Sie nur einer von Tausenden Touristen im Land sind. Beanspruchen Sie keine Privilegien.

9. Wenn Sie etwas günstig eingekauft haben, denken Sie daran, daß Ihr Vorteil vielleicht nur möglich war, weil die Löhne in Ihrem Gastland niedrig sind.

10. Machen Sie niemandem Versprechungen, wenn Sie nicht sicher und willens sind, Ihr Wort zu halten.

11. Nehmen Sie sich täglich etwas Zeit, um Ihre Erlebnisse zu verdauen. Sie werden dann mehr vom Reisen haben.

12. Wenn Sie es unterwegs wie zu Hause haben wollen, dann verschwenden Sie Ihr Geld nicht fürs Reisen – bleiben Sie lieber daheim.

Keine Hilfe für kriminelle Regierungen

Die Hälfte der Menschheit ist Opfer ernsthafter Menschenrechtsverletzungen. Sie reichen von Folter, Hinrichtung und Vergewaltigung über willkürliche Festnahmen, Gewalt und Verschwindenlassen von Personen bis zu extremer Armut, Sklaverei, Kindesmißbrauch und Hunger. Darauf hat das Menschenrechtszentrum der Vereinten Nationen schon vor Jahren hingewiesen.

Schmutzige Geschäfte

Zu den schlimmsten Regimen, die ich persönlich kennengelernt habe, zählt die Suharto-Diktatur in Indonesien. Saddam Hussein ist dagegen ein Waisenknabe. Staatliche Todesschwadronen veranstalteten Massaker in Ost-Timor und West-Papua. Nicht Hunderttausende, Millionen sind während der von 1965 bis 1998 dauernden Herrschaft Ibrahim Suhartos ermordet worden. Bücher wurden verboten. Selbst kirchliche Synoden durften nicht stattfinden.

Wie haben wir reagiert? In der deutschen Botschaft in der Hauptstadt Djakarta wurde all dies als »interne Probleme« abgetan. Bundeskanzler Kohl machte im Februar 1993 dem Diktator die Aufwartung. Und die Bundesrepublik lieferte Waffen noch und noch: 1981 zwei U-Boote, seit 1982 acht Patrouillenboote, in den achtziger Jahren Torpedos von AEG, Kanonen von Rheinmetall, Motoren für Kriegsschiffe von MTU und MAN, deutsche Lizenzfertigungen von 48 Patrouillenbooten, 130 Hubschraubern ... Indonesische Offiziere wurden an der Führungsakademie der Bundeswehr ausgebildet. Es wurde Polizeihilfe geleistet. Die deutsche GSG-9 bildete den Kommandeur der sogenannten Anti-Terror-Einheit aus, die im besetzten Ost-Timor ihr Unwesen trieb. Damit nicht genug: Im September 1993 meldete die Presse, 39 Kriegsschiffe aus den Beständen der ehemaligen Nationalen Volksarmee der DDR seien an Indonesien verkauft worden. In Bonn wurde erklärt, die Schiffe dienten zum Küstenschutz gegen Piraten und Drogenhändler. Durch ihre Ausfuhr habe man »etwa 170 qualifizierte Arbeitsplätze für die Dauer von zwei Jahren in Mecklenburg-Vorpommern gesichert«. Im übrigen, so Regierungssprecher Dieter Vogel, könne Indonesien als Mitglied des südostasiatischen ASEAN-Paktes (dem Indonesien, Malaysia, die Philippinen, Singapur, Thailand und Brunei angehören) zu gleichen Konditionen beliefert werden wie NATO-Staaten. Sprich, es gibt keinerlei Einschränkungen im Rüstungsexport.

Der Indonesien-Deal kam nur zustande, weil die Frankfurter Kreditanstalt für Wiederaufbau (KfW) ihn mit einem saftigen Fünf-Jahres-Kredit finanzierte, den die damalige CDU/CSU/FDP-Bundesregierung mit einer Hermes-Bürgschaft absicherte. Die Höchsthaftung des Bundes – genauer: der deutschen Steuerzahlerinnen und Steuerzahler – betrug einschließlich Zinsen 698,9 Millionen Mark. Die Bundesregierung machte Indonesien darüber hinaus erhebliche Hermes-Zusagen. Sie beliefen sich 1993 auf annähernd acht Milliarden Mark. Kommentar eines Mitarbeiters des Kinderhilfswerks terre des hommes: Bonn finanziert »schmutzige Exportgeschäfte« mit staatlichen Garantien.

Weil die damalige Geschäftsführerin des Neuen Forums Sachsen-Anhalt, Sabine Leloup, bei einer öffentlichen Vereidigung von Bundeswehr-Soldaten in Halle (Saale) am 8. Juni 1993 dem seinerzeitigen Verteidigungsminister Volker Rühe (CDU) auf Plakaten vorgeworfen hatte, zum »Völkermord« in Indonesien beizutragen, verurteilte ein Gericht sie im Februar 1994 zu 800 Mark Geldstrafe. Der sensible Minister hatte wegen Beleidigung Strafanzeige gestellt.

Bei meinem Besuch in Burma (Birma) konnte ich mich 1989 selbst davon überzeugen, wie deutsche Waffenfirmen das dortige Schreckensregime bei seinem Krieg gegen die eigene Bevölkerung unterstützen. Der südostasiatische Staat ist darüber hinaus Schwerpunktland deutscher Entwicklungshilfe gewesen. In den letzten Jahrzehnten sind über 1,2 Milliarden Mark dorthin geflossen.

Heute heißt Burma offiziell Myanmar, auf deutsch: Land für alle. Es wird seit 1962 durch das Militär regiert. Eine 1990 durchgeführte demokratische Wahl wurde nicht anerkannt. Die 1991 mit dem Friedensnobelpreis ausgezeichnete Aung San Suu Kyi, Führerin der Oppositionspartei Nationalliga für Demokratie, erhielt eine überwältigende Zweidrittelmehrheit der Parlamentssitze. Das Militär stellte sie unter Hausarrest. Auch ich durfte ihr Haus nicht betreten. Ich habe stundenlang davor gesessen, auf dem Boden, schweigend, meditierend, bis ich von der Polizei aufgefordert wurde, weiterzugehen. Genauso erging es prominenten Friedensnobelpreisträgern, die die Oppositionsführerin 1993 besuchen wollten.

Suu Kyi durfte dann doch überraschend im Februar 1994 den US-Kongreßabgeordneten Bill Richardson empfangen. Ihm erklärte sie: »Was sie mir antun, kann ich verkraften, von Bedeutung ist, was sie mit dem Land anstellen.«

Zwei Jahre später, im Herbst 1996, gelang es auch mir, kurz zu Suu Kyi durchzudringen. Sie zeigte sich verbittert, wie sehr die deutsche Wirtschaft das Regime in Rangoon unterstützt: von der Dresdner Bank bis zur Telekom.

Myanmar finanziert einen großen Teil seiner Rüstungskäufe mit dem Export von Tropenholz. Hier spielt die Bundesrepublik ebenfalls eine unrühmliche Rolle. Trotz aller Kampagnen gegen den Raubbau an den Regenwäldern und für den Boykott von Tropenholz hat sich an der Einfuhr der Edelhölzer in die Bundesrepublik in den letzten Jahren nichts verändert: Deutschland importiert Jahr für Jahr rund zwei Millionen Kubikmeter Tropenholz.

Es gibt auch positive Beispiele, wie auf Menschenrechtsverletzungen reagiert wird. 1992 hat sich der US-Jeanshersteller Levi Strauss aus Myanmar zurückgezogen. »Wer unsere Hosen und Hemden trägt, soll nicht an Zwangs- und Kinderarbeit denken«, erklärte die Unternehmensleitung. Die Getränkefirmen Pepsi, Heineken und Carlsberg folgten diesem Beispiel. Dagegen bleibt das Land ein Reiseziel deutscher Touristikunternehmen. Die Urlauber werden in Hotels untergebracht, die auch von Sklavenarbeitern, unter ihnen Kinder und politische Gefangene, hochgezogen worden sind. »Schönen Urlaub«, kann ich da nur noch sagen.

Im »Reich der Mitte«

Als ich 1989 während meiner Sommerschulferien auf Einladung der Kirchen Chinas kurz nach dem Aufstand der Studenten in Peking war, lud man mich in die DDR-Botschaft ein und zeigte mir ein Video: Am Rednerpult der DDR-Volkskammer stand der Ost-CDU-Generalsekretär Götting, gleichzeitig stellvertretender Volkskammer-Präsident. Er begrüßte die Niederwerfung der Rebellion auf dem Platz des Himmlischen Friedens. Da ich öffentlich gesagt hatte, die überwiegende Mehrheit des deutschen Volkes sei gegen das Vorgehen der Pekinger Regierung gewesen, wollte man mir das Gegenteil beweisen.

Ich habe die Volksrepublik China bislang siebenmal besucht, auch während der Kulturrevolution. Ich führte in den fünfziger Jahren persönliche Gespräche mit dem damaligen Außenminister und späteren Ministerpräsident Tschou En-lai, der westliche Sprachen beherrschte, sowie mit Mao Tse-tung.

Bei meinem vorletzten Besuch ging es mir vorrangig auch um die anhaltenden Menschenrechtsverletzungen: Die Zustände in chinesischen Gefängnissen und psychiatrischen Kliniken sind unvorstellbar. Über zehn Millionen Chinesen müssen in Arbeitslagern Zwangsarbeit leisten. Unliebsame Journalisten werden immer wieder festgenommen. Eine Gruppe Straßburger Europaparlamentarier, die sich in Peking aufhielt und sich um Inhaftierte kümmern wollte, wurde kurzerhand ausgewiesen. Das Ende 1991 herausgebrachte chinesische »Weißbuch über die Menschenrechte in China« ist ein Witzbuch. Kein Wort über die Inhaftierung von Bischöfen und Priestern. 1998 wurden nach Angaben von amnesty international 1067 Todesurteile vollstreckt. »Zehntausende« von Menschen seien in der Volksrepublik wegen »friedlicher politischer und religiöser Aktivitäten« inhaftiert, schreibt die unabhängige Menschenrechtsorganisation »Asiawatch« in einem im Februar 1994 vorgelegten Bericht. Ihr Urteil: »Politische Repression nimmt zu, nicht ab.«

Man muß auf diplomatischem Wege Haftbefreiungen erreichen. Ich selbst intervenierte 1996 für einen Bürgerrechtler – mit Erfolg. Aber wenn dies scheitert, ist die Öffentlichkeit gefordert. Deutsche Unionspolitiker sind hier für dumme Vorfälle bekannt. Erfreulicherweise wurde der Staatssekretär im Bundesministerium für wirtschaftliche Zusammenarbeit, Siegfried Lengl (CSU), aus dem Dienst entlassen, nachdem er – von sich aus – zwei Jahre nach dem Massaker in Peking den chinesischen Ministerpräsidenten Li Peng umarmte. Ohne Proteste, aber mit freundlichen Gesten wurde der Bürgermeister von Schanghai, Huang Ju, im April 1994 in Bonn begrüßt, auch von Bundeskanzler Kohl. Selten heuchelten Bundes- und Landesregierungen so sehr wie beim Deutschland-Besuch von Li Peng im Sommer 1994. Unsere Politiker mußten sich vor den Menschenrechtsorganisationen schämen, die während des Besuchs überall protestierten.

Während meines China-Besuchs 1989 beschäftigte mich die Situation der Kirchen, die staatlicher Kontrolle unterworfen sind. Bekanntlich wurden während der Kulturrevolution alle Kirchen geschlossen, auch die Ausbildungsstätten für Pfarrer.

Nur die staatstreue »Katholische patriotische Vereinigung« genießt heute alle Freiheiten. Dutzende von Bischöfen, Priestern und Laien, die sich geweigert haben, dieser staatstreuen Vereinigung beizutreten, sind inhaftiert worden. Immer wieder werden Hausgemeinden geschlossen, aber nicht überall. Es scheint kein systematisches Verhalten der Behörden zu geben. 1989 sind Mitglieder Rom-treuer Bischofskonferenzen verhaftet, 1991 teilweise wieder entlassen worden. Anfang 1994 meldete ein kirchlicher US-Pressedienst die Verhaftung von fünf katholischen Geistlichen, darunter die Bischöfe Jia Zhigou und Joannes Hansei.

In den vergangenen Jahrzehnten haben die protestantischen Kirchen mehr oder weniger Freiheit gehabt, je nach Laune der Regierung. Unter den Protestanten gibt es die »Drei-Selbst-Bewegung«: Selbsterhaltung, Selbstentfaltung, Selbstgestaltung. Sie war lange unabhängig von der Ökumene, von der Weltkirche in Ost und West. Mittlerweile ist der Chinesische Christenrat Mitglied des Weltrates der Kirchen in Genf, eine Stärkung für die Christen in China und im Westen.

Doch trotz Unterdrückung sind die Mitgliederzahlen der Protestanten, organisiert in verschiedenen kleinen, evangelischen Denominationen und Konfessionen, gestiegen. Auf wie viele Millionen läßt sich nicht sagen. Die Gottesdienste sind auf jeden Fall bis auf den letzten Platz gefüllt, wie ich selbst erleben durfte. Einige Vertreter staatlicher Kirchenbehörden machten bei meinem letzten Besuch 1996 keinen Hehl daraus, daß es in manchen Gegenden mehr Christen als Kommunisten gibt. Auch die Zahl der Muslime, Konfuzianer und Buddhisten nehme zu.

Die christlichen Kirchen stellen im bettelarmen Milliarden-Staat dennoch eine verschwindende Minderheit dar. Aber wie sagte mir Bischof Ding: »Religion ist nur dann effektiv, wenn sie unterdrückt wird.« Dies gilt auch für die westliche Welt.

Was wird aus China – oder Vietnam, das ich ebenfalls 1996 besuchte? Mao und Ho Chi-Minh sind Geschichte. Der Sozialismus wird beschworen. Doch die Planwirtschaft nach sowjetischem Vorbild hat ausgedient, der Wandel von Marx zu Money ist in vollem Gange. Folgt jetzt eine unkontrollierte Marktwirtschaft, ein sozialistischer Kapitalismus, ein Sozialismus mit menschlicherem Antlitz, als wir ihn bisher kennengelernt haben? Ich fürchte, daß die Politik eine immer unbedeutendere Rolle spielen, die wirtschaftliche Globalisierung dagegen immer bestimmender wird. Bill Gates & Co. werden entscheiden. Der Besitz der 84 Reichsten der Welt ist so hoch wie das Bruttosozialprodukt Chinas mit 1,2 Milliarden Einwohnern. Das muß man sich einmal vorstellen!

Der Dalai Lama, ein Aussätziger?

Besonders gravierend sind die Verletzungen der Menschenrechte in Tibet, das China 1950 okkupiert hat. Erschütternd die Berichte, wie man gewaltlose buddhistische Mönche und Zivilisten folterte.

Nach Schätzungen unabhängiger Menschenrechtsorganisationen sind während der Besatzung 1,5 bis zwei Millionen der rund 6,5 Millionen Tibeter auf der Flucht, in Gefängnissen und Umerziehungslagern umgekommen – ein Völkermord, der mit dem der Nazis an den Juden, Sinti und Roma verglichen werden muß. In dem im Februar 1994 veröffentlichten »Asiawatch«-Bericht wird darauf hingewiesen, daß sich die Unterdrückung friedlichen Protests im annektierten Tibet 1993 »verschärft« habe, insbesondere gegen buddhistische Mönche und Nonnen. 80 Prozent der 1993 bekannt gewordenen Verhaftungen von Regimegegnern Pekings hätten sich in Tibet ereignet.

Ich habe Tibet nur einmal, 1968, besuchen dürfen, ein wunderschönes Land, so groß wie Deutschland, Italien, Frankreich und Österreich zusammen. Es war jahrzehntelang für Ausländer ein verbotenes Land.

Ich habe das geistliche Oberhaupt der Tibeter, den Dalai Lama – auf deutsch: Weiter Ozean –, seit 1959 dreimal in seinem indischen Exil besucht. Er will Tibet als »Zone der Gewaltfreiheit« sehen, wie er mir sagte. Als er 1989 Bonn besuchte, hatten der Bundeskanzler und andere wichtige Politiker keine Zeit für ihn. Nur Bundestagspräsidentin Rita Süßmuth (CDU) und Willy Brandt (SPD) empfingen den Dalai Lama zu inoffiziellen Gesprächen. Zu den Verdiensten von Gert Bastian und Petra Kelly (Die Grünen) zählt, daß sie das Tibet-Problem beim Namen genannt haben: als gewaltsame Besetzung, Fremdherrschaft und Kolonialismus, und sich international für die Befreiung des tibetischen Volkes eingesetzt haben.

Gut, daß Richard von Weizsäcker 1990 den Dalai Lama traf – was Peking sehr empörte. Erfreulich, daß ihn der Bundestagsunterausschuß für Menschenrechte und humanitäre Hilfe im Mai 1994 zu einer Anhörung geladen hatte; sie wurde jedoch wegen des Besuchs des chinesischen Ministerpräsidenten Li Peng im Juli auf September 1994 verschoben. Empörend, daß der Dalai Lama – eingeladen zur 1200-Jahrfeier der Stadt Frankfurt – vom deutschen Außenministerium als »Problem« angesehen wurde, weil gleichzeitig der Oberbürgermeister der chinesischen Partnerstadt von Frankfurt, Kanton, teilnehmen sollte. Das Oberhaupt der Tibeter sagte daraufhin seinen Besuch ab.

Gut, daß die neue rot-grüne Bundesregierung den Tibet-Konflikt nicht ignoriert. Außenminister Joschka Fischer empfing den Dalai Lama. Die Frage bleibt, warum die Exilregierung des Friedensnobelpreisträgers nicht anerkannt wird.

Minenfelder der Welt

In den achtziger Jahren habe ich zweimal – 1984 und 1989 – Afghanistan besucht, ein Land, das durch einen Stellvertreterkrieg zwischen den USA und der UdSSR zerstört worden ist. Neun Jahre hat die Besetzung des Landes durch sowjetische Truppen gedauert. Als Gorbatschow den Befehl zum Truppenrückzug gab, war es zu spät. Die Bevölkerung hat Entsetzliches erleben müssen.

Auch heute gibt es in Afghanistan keinen Frieden. Das Vasallenregime in Kabul mußte zwar im Mai 1991 abdanken, heute ist das Land ein islamischer Staat, doch jetzt bekämpfen sich rivalisierende Mujaheddin-Gruppen, von den Supermächten aufgerüstet. Folter und Langzeithaft gehen weiter. Es herrscht Hunger. Afghanistan ist zerstört, neben Kambodscha und Angola das größte Minenfeld der Welt.

Bis zu 35 Millionen der »Hidden Killers« sollen die sowjetischen Besatzer in Afghanistan hinterlassen haben. Da diese grausamen, heimtückischen Waffen nicht entschärft werden können, werden täglich Menschen durch sie verstümmelt. Afghanistan ist zu einem Land der Körperbehinderten geworden.

Über eine halbe Million Menschen sind weltweit zu Minen-Opfern geworden. (Das Friedensdorf in Oberhausen bemüht sich um Kinder aus der Dritten Welt, denen durch Minen Körperteile abgerissen worden sind.) 100 Millionen nicht entschärfte Landminen liegen in der Welt herum. Zehn Millionen neue werden jedes Jahr verkauft. Stückpreis: von drei Dollar aufwärts. Eine gelegte Mine zu entschärfen, kostet rund 1 000 Dollar. Auch deutsche Rüstungsschmieden haben in der Vergangenheit fleißig Minen produziert, die zum Teil über ausländische Tochterfirmen angeboten worden sind.

Doch wen interessiert es? Was in Afghanistan geschieht, bewegt die Medien hierzulande nicht einmal am Rande. Und das gilt für viele andere Staaten auch, die mit Waffen vollgestopft und in denen die Menschenrechte mit Füßen getreten werden.

Mobuto, Kabila & Konsorten

Der Kongo (früher Zaire) im Herzen Afrikas – sechsmal war ich dort – zählt zweifellos zu diesen Staaten. Das Land wurde 1960 von Belgien unabhängig, anschließend von einem blutigen Bürgerkrieg heimgesucht, in dem belgische Einheiten sowie UN-Truppen unter US-amerikanischer Führung als »friedensstiftende Kräfte« intervenierten. 1965 putschte sich Mobutu, ein schlimmer, korrupter Diktator, an die Macht, die er erst 1997 verlor.

Kongo war der größte Kobalt-Exporteur der Welt, der viertgrößte Diamanten-Lieferant und unter den Top-Ten-Produzenten der Welt bei Uran, Kupfer, Mangan und Zinn. 90 Prozent des Kobalts, das die US-Luftfahrtindustrie verarbeitete, stammten aus dem Kongo. Wohl nicht zuletzt deshalb wurden Milliarden von Dollar in das Land gepumpt, unter anderem aus Deutschland weit über eine Milliarde Mark. Mobuto leitete diese Gelder – insgesamt rund fünf Milliarden Mark – zu einem großen Teil auf seine Privatkonten um. 1996 hatte das Land fast 13 Milliarden US-Dollar Auslandsschulden. Mobuto wurde damals vom US-Magazin »Fortune« zu den fünf reichsten Männern der Welt gezählt.

Die Opposition gegen den Gewaltherrscher wuchs ständig. Im September 1991 fand eine große Rebellion gegen Mobuto statt. Sie wurde blutig niedergeschlagen. Französische und belgische Truppen griffen ein, um »ausländische Bürger zu schützen«, nachdem Soldaten, die keinen Sold erhielten, Villen geplündert hatten.

Im Februar 1992 protestierten Christen friedlich gegen die Diktatur. Soldaten setzten Tränengas und Wasserwerfer ein. Gewaltlose Priester und Pfarrer wurden ausgesondert und zusammengeschlagen, 13 Nonnen getötet. Einige Regierungen protestierten, weil es sich um Vertreter christlicher Kirchen handelte, darunter auch die deutsche Regierung.

Über drei Jahrzehnte hat sich Mobuto an der Macht halten können. Wenn seine Interessen betroffen waren, intervenierte der Westen. Ansonsten nahm er es hin, daß dieser Mann Milliarden in die eigene Tasche wirtschaftete. Hauptsache, die Versorgung mit – auch für die Rüstungsindustrie – unentbehrlichen Rohstoffen blieb gesichert.

Rebellenführer Laurent Kabila hat Mobuto abgelöst – auch dank der Unterstützung der USA, die meinten, den alten Diktator nicht mehr halten zu können. Nichts, aber auch gar nichts wurde besser. Seitdem bekriegen sich im Kongo Truppen acht afrikanischer Staaten. Zigtausende wurden getötet, eine Million Menschen vertrieben – mehr als im Kosovo. 80 Millionen sind direkt oder indirekt in den blutigen Konflikt verwickelt. Die Industrieländer beziehen Gold, Uran und Kupfer jetzt woanders. Und die Welt sieht weg!

Das Eintreten für die Menschenrechte hört immer da auf, wo es ums eigene Portemonnaie geht – oder die Sicherung von politischen Einflußsphären, siehe Ägypten.

Die Regierung in Kairo hat in den vergangenen Jahrzehnten über fünf Milliarden Mark deutsche Entwicklungshilfe kassiert. Daß dort seit vielen, vielen Jahren der Ausnahmezustand herrscht, Tausende willkürlich verhaftet werden, in den Gefängnissen Folter an der Tagesordnung ist, Schriftsteller und Verleger wegen Gotteslästerung, Blasphemie, eingesperrt werden, laut amnesty international 1992 mindestens 45 Todesurteile gefällt worden sind, davon acht gegen politische Gefangene . . . – bestenfalls eine Randnotiz. Wenn jedoch deutsche Touristen im Land belästigt, einige sogar ermordet werden, ist die Aufregung groß. Aber vielleicht sind solche Attacken, so hart wie es klingt, eine ausgleichende Gerechtigkeit und eines der wenigen erfolgversprechenden Mittel, um die Aufmerksamkeit des Nordens – zumindest für einen Augenblick – auf die politische und moralische Misere des Landes zu lenken.

Äthiopien

In Äthiopien herrschte über ein Vierteljahrhundert Kaiser Haile Selassie, auch er ein Diktator und Ausbeuter. Als erstes ausländisches Staatsoberhaupt nach dem Zweiten Weltkrieg stattete er der Bundesrepublik 1954 einen offiziellen Besuch ab. Er wurde sogar vom evangelischen Bischof Dibelius (CDU) empfangen.

Nach Studentenprotesten, Streiks und Hungerrevolten wurde der Kaiser 1974 vom Militär gestürzt. Unter den rivalisierenden Offizieren setzte sich Mengistu Haile Mariam durch. Er schloß die US-Militärbasen im Land, fand die

Unterstützung des damaligen Ostblocks. Eine Einheitspartei wurde gegründet, die zivile Verfassung außer Kraft gesetzt.

Äthiopien kam nicht zur Ruhe. Lang unterdrückte Völker wie in Eritrea, Tigre und Ogaden setzten sich zur Wehr, verlangten Unabhängigkeit. Die UdSSR, die DDR und Kuba rüsteten Mengistus Armee auf, der Westen stellte seine staatliche Entwicklungshilfe ein. Langanhaltende Dürren verschärften die kritische Situation im ohnehin bettelarmen Land. Man schätzt, daß in den letzten 25 Jahren mehr als eine Million Äthiopier verhungert sind.

Ich habe das Land mehrfach besucht, war meist Gast des Internationalen oder Deutschen Roten Kreuzes, die dort arbeiteten. Ich habe in den Hungerlagern Entsetzliches gesehen. Selten ein Bericht in der »Tagesschau«, im »Weltspiegel« oder im »Auslandsjournal« kann das Grauen, das ich erlebt habe, vermitteln. Wie gut, daß unter diesen furchtbaren Zuständen jahrelang private Organisationen wie Kindernothilfe, Brot für die Welt, Caritas oder »Menschen helfen Menschen« dort tätig waren. Ohne ihre humanitäre Hilfe wären noch mehr Menschen verhungert.

Seit Ende der siebziger Jahre haben ökumenische Kreise vom Verschwinden des Generalsekretärs der äthiopischen evangelischen Kirche Mekane Yesus, Pastor Gudina Tumsa, gewußt. Er hatte Widerstand gegen die Mitte der siebziger Jahre eingeleitete Christenverfolgung geleistet. Bei all meinen Besuchen in Äthiopien habe ich versucht, etwas über den Verbleib dieses Mannes zu hören. Immer wieder erhielt ich ausweichende Antworten, auch von den Vertretern der Christlichen Friedenskonferenz in Addis Abeba, die gute Freunde des Diktators Mengistu waren, obwohl man genau wußte, daß Gudina Tumsa ermordet worden war, und das von staatlichen Organen. Man soll die Gebeine dieses Märtyrers gefunden haben. Er wurde am 29. April 1992 offiziell für tot erklärt.

Das Erschütternde an Gudinas Leben ist, daß er schon in früheren Jahren gegen das Feudalsystem von Kaiser Haile

Selassie protestiert hatte. Seine Frau Tsehai Tolessa wurde ohne Anklage fast zehn Jahre im Gefängnis mißhandelt, befreit im Herbst 1989. Seine Kinder wurden durch westliche Hilfswerke ins Ausland gebracht.

Im Sommer 1986 fragte man mich in Äthiopien, ob ich auch mit Vertretern der DDR sprechen möchte. Ich stimmte zu. Meine Gesprächspartner bezeichneten sich als Offiziere und Unteroffiziere der Nationalen Volksarmee, als Mitarbeiter des Ministeriums für Staatssicherheit (Stasi) und des Außen- wie Innenministeriums. Man sei zur Ausbildung des äthiopischen Geheimdienstes im Land, der – wie man mir bei meinem Besuch 1990 mitteilte – etwa 20 000 Menschen, darunter viele Christen, umgebracht hat.

Im Mai 1991 ist das Land von Mengistus Linksdiktatur befreit worden. Die Hungersnöte sind geblieben. Ich wünsche den Menschen, daß sie endlich in Frieden leben können.

Doch der größte konventionelle Krieg der Welt, so der britische Sender BBC, wird seit Mitte 1998 zwischen Äthiopien und Eritrea geführt – um »wertloses Niemandsland – ein sinnloser Stellungskrieg mit High-Tech-Waffen, Materialschlachten und bislang 40 000 Toten« (Der Spiegel). Eine halbe Million Soldaten stehen sich an der Grenze gegenüber. 430 000 Menschen sind geflohen. Äthiopien hat 54 000 Eritreer deportiert und ihren Besitz beschlagnahmt. Eine Million Dollar kostet jeder weitere Tag Krieg. Es gibt einen Friedensplan der OAU, dem beide Seiten zugestimmt haben. Wann wird er erfüllt?

Im Nachbarland Sudan, in dem ich viermal war, zuletzt 1998, herrscht seit über 45 Jahren ein grausamer Religionskrieg. Der »Spiegel« spricht von einem »Ausrottungsfeldzug« fanatischer islamischer Fundamentalisten, die in Khartoum an der Macht sind, gegen die Christen im Süden des Landes. Mehr als 1,5 Millionen Menschen sind umgekommen. Die Mehrheit der Bewohner des Südens, etwa viereinhalb Millionen Menschen, ist auf der Flucht. Die geblieben sind, leben in unvorstellbarem Elend. Unzähligen droht der Hungertod, dem seit 1988 mindestens 300 000 Menschen zum Opfer gefallen sind. Doch die Augen der Weltöffentlichkeit haben sich abgewandt.

Operation »Neue Hoffnung«

In den fünfziger Jahren besuchte ich zum erstenmal das heutige Somalia, ein friedliches Land mit stolzen Nomadenvölkern. Es gab keine übergeordneten Regierungen. Und dann bildeten Briten und Italiener 1960 die Republik Somalia und entließen das Land in die Unabhängigkeit. Die Regierung, geführt von einer unfähigen Minderheit, wurde 1969 von Offizieren gestürzt. General Siad Barre übernahm die Macht, gebährdete sich »sozialistisch«.

Mogadischu erfreute sich bundesdeutscher Hilfe, nachdem es 1977 der GSG-9 erlaubte, die Entführung der Lufthansa-Maschine »Landshut« zu beenden – nicht nur der Entwicklungshilfe, auch der Militärhilfe.

1991 mußte Diktator Barre abdanken. Ein blutiger Bürgerkrieg zwischen Hunderten von rivalisierenden Clans folgte. 300 000 Tote soll es allein in Mogadischu gegeben haben – mehr Opfer als in Hiroshima. 4 500 Kinder sollen jeden Tag gestorben sein – knapp zehn Millionen Menschen leben in Somalia, einem Drittel droht der Hungertod.

Zu lange haben wir das Elend am Horn von Afrika ignoriert. Das Land war nach dem Ende des Kalten Krieges geostrategisch nicht mehr wichtig. Einzig die Erdölvorkommen des Landes blieben interessant. Vier US-amerikanische Ölkonzerne hatten, wie ich bei einem Aufenthalt in den Vereinigten Staaten 1993 erfuhr, mit Diktator Barre Verträge über ihre Ausbeutung abgeschlossen. Für den ehemaligen texanischen Ölkaufmann und damaligen US-Präsidenten George Bush Grund genug, zu intervenieren. Millioneninvestitionen der Unternehmen Conoco, Amoco, Chevron und Phillips standen in Somalia auf dem Spiel.

Als dann gehandelt, die UN-Operation »Neue Hoffnung« gestartet wurde, benutzten die US-Marines die Büros dieser Unternehmen in Mogadischu als vorübergehende Hauptquartiere.

Die Blauhelme agierten inkonsequent und inkompetent. Amnesty international warf den Soldaten der Vereinten Nationen im Oktober 1993 vor, Hunderte von Zivilisten, darunter viele Kinder und Frauen, getötet zu haben. Die UN-Vertreter verstießen gegen selbstverkündete Menschenrechtsstandards, weil sie 70 Somalis ohne Anklage und ohne Kontakt zu einem Anwalt festhielten: »Wir sind besorgt um diese Gefangenen, weil die Vereinten Nationen nicht präzise gesagt haben, warum sie gefangengehalten werden, auf welcher gesetzlichen Grundlage dies beruht und wann sie angeklagt oder freigelassen werden.«

Unter dem Strich läßt sich der unsäglich teure Militäreinsatz – allein der siebenmonatige Bundeswehr-Einsatz in Belet Huen kostete 310 Millionen Mark – auf die Formel bringen: Außer Spesen nichts gewesen. Was die Bundeswehr dort leistete, hätten zivile Entwicklungshilfe-Organisationen wesentlich kostengünstiger und besser bewerkstelligen können.

Somalia ist zunächst einmal wieder aus den Schlagzeilen. Bis jedoch die Greueltaten in Ruanda 1994 hierzulande zur Kenntnis genommen wurden, waren Monate vergangen und Hunderttausende von Menschen ermordet, Millionen in die Flucht getrieben worden. Ich war zweimal im Sommer 1994 als Begleiter des Kanadischen Kirchenrates in dem afrikanischen Land. Mit einem Flugzeug wurden medizinisches Personal und Medikamente dorthin gebracht. Ich habe mit eigenen Augen gesehen, daß sich neben belgischen und französischen auch deutsche Waffen in den Händen der Kämpfenden befanden. Hätten wir Europäer keine Waffen geliefert, wären wahrscheinlich nicht so viele Opfer zu beklagen gewesen. Aber wir leben von diesem Geschäft mit dem Tod. Und wir wollen noch mehr davon profitieren. Der außenpolitische Sprecher der CDU/CSU-Bundestagsfraktion, Karl Lammers, forderte Anfang 1994, die in Deutschland bestehenden Einschränkungen für Rüstungsexporte zu lockern. Der Berlin-brandenbur-gische Altbischof Gottfried Forck rief völlig zu Recht dazu auf, evangelische und katholische Kirche sollten die Befür-worter von Waffenexporten öffentlich benennen und für nicht wählbar erklären. Man könne nicht »Frieden, Frie-den« schreien und sich um die Rettung von Menschenleben bemühen, zugleich aber Waffen in Krisenregionen liefern.

James Gustave Seth, der Leiter des Entwicklungspro-gramms der Vereinten Nationen (UNDP), verlangte im Mai 1994 einen Stopp aller Rüstungslieferungen in die Krisen-gebiete Afrikas. Die Militärhilfe der Industrienationen sei für die Armut in der Dritten Welt mitverantwortlich. Sie verdienten mit Waffenlieferungen an Entwicklungsländer jährlich rund 206 Milliarden Mark, doppelt soviel, wie sie für Entwicklungshilfe ausgäben: etwa 100 Milliarden Mark.

Das waren noch Zeiten: Einen historischen Tiefstand ha-ben die staatlichen Entwicklungshilfeleistungen der Indu-strieländer 1998 erreicht. Sie beliefen sich nur noch auf ins-gesamt 32,7 Milliarden Dollar, so die Weltbank, und lagen damit rund ein Drittel niedriger.

Übrigens, auch die Mittel der Evangelischen Kirche in Deutschland für Entwicklungshilfe sind 1998 um fast ein Fünftel gegenüber dem Vorjahr gesunken: von 468,9 auf 375,7 Millionen Mark. Angesichts des rückläufigen Kir-chensteueraufkommens sind die Überweisungen der Lan-deskirchen an die Arbeitsgemeinschaft Kirchlicher Ent-wicklungsdienst (AG KED) rückläufig. Einzig die Spenden für Brot für die Welt sind gestiegen.

Und Afrika geht zugrunde. Blutige Kriege und Bürger-kriege werden ausgefochten – mit unserer Unterstützung. Mir ist es egal, wie deutsche Waffen dorthin gelangen, ob direkt oder über Drittländer. Sie sind da, und mit ihnen wird gekämpft. Wir können unsere Hände nicht in Un-schuld waschen. Wir dürfen unsere Augen nicht vor dem verschließen, was dort tagtäglich passiert.

Das, was ich in Ruanda erlebt habe, geht an die Grenze des Erträglichen. Wohl das Schlimmste, was ich gesehen habe, war ein Raupenschlepper mit Gabeln, der die Leichen der Tutsis wegzuschaffen versuchte. Beim Aufheben der Leichen fielen zum Teil abgetrennte Arme, Beine, Köpfe, ja halbe Körper wieder zu Boden. Den Leichengeruch habe ich noch heute in der Nase. Ich habe mehrfach Vertreter der öffentlichen und privaten deutschen Fernsehsender dort gebeten, die Raupenschlepper zu filmen. Sie antworteten mir, daß sie dies täten, aber die Sendezentralen in Deutschland würden die grausamten Stellen herausschneiden – zensieren.

Hunger wird gemacht

Wir nehmen die Not und das Elend in der Welt nicht als Herausforderung an. Wir reden, wir labern, nicht nur in den Regierungspalästen der westlichen Welt, sondern auch bei unseren Kirchensynoden. Was muß man denn tun, um eine halbe Million Kinder verhungern zu lassen? Zwölf Tage lang nichts tun – wie gehabt. Alle 15 Sekunden stirbt in dieser Welt ein Kind an Durchfall, einer an sich harmlosen Krankheit – zwei Millionen im Jahr.

Seien wir doch ehrlich: Das, was wir für Brot für die Welt und Misereor spenden oder in den Klingelbeutel werfen, ist kein Opfer, sondern ein Trinkgeld. Alle privaten Entwicklungshilfe-Organisationen der Welt – so wichtig ihre Arbeit ist – bringen gerade mal zehn Milliarden Mark zusammen. Angesichts des Schuldenberges der Dritten Welt von über 2 500 Milliarden Dollar ist das ein Kleckerbetrag. Der jährliche Schuldendienst beträgt rund 250 Milliarden Dollar – das entspricht den jährlichen Ausgaben der deutschen Bundesregierung.

Bundeskanzler Willy Brandt hat 1969 das Ziel proklamiert, daß 0,7 Prozent des Bruttosozialprodukts an Entwicklungshilfe zu leisten ist. 30 Jahre später – die Lage des

Südens hat sich nicht gebessert – wollen wir gerade die Hälfte davon bewilligen. Der Etat des Jahres 2000 für das Bundesministerium für wirtschaftliche Zusammenarbeit und Entwicklung (BMZ) sinkt um über 500 Millionen Mark gegenüber dem Vorjahr auf sieben Milliarden. Nach den Plänen des Bundesfinanzministeriums soll der BMZ-Haushalt bis zum Jahr 2003 auf 6,7 Milliarden zurückgehen – auf das Niveau von 1986/87.

Die Entwicklungshilfe diene der Exportförderung und sei nur ein Feigenblatt, kritisierte einst Helga Henselder-Barzel, die verstorbene Präsidentin der Deutschen Welthungerhilfe. Als Beispiele nannte sie Waffenexporte, Schuldendienste, Rohstoffpreisverfall und Protektionismus. »Würde der Westen die Schutzzölle auf Textil- und Agrarexporte aus der Dritten Welt abschaffen, dann hätte diese potentielle Mehreinnahmen von 150 Milliarden Dollar, das Dreifache der Entwicklungshilfe aller reichen Industrieländer.« Mittlerweile ist es fast das Fünffache.

Es ist eine Lüge, daß wir uneigennützig Geld in die Dritte Welt pumpen. Wahr ist, daß wir den Süden ausplündern. 398 Milliarden Dollar sind unter dem Strich zwischen 1982 und 1990 von Süd nach Nord geflossen – das heißt nach Abzug der Entwicklungshilfe und aller anderen Zahlungen, die aus den Industrienationen in die Dritte Welt gingen. Die sogenannten Entwicklungsländer haben in dieser Zeit, so die Direktorin des Transnational Institute in Amsterdam, 1345 Milliarden Dollar Zins und Tilgung gezahlt. Ihr Schuldenberg ist dennoch – wie gesagt – gewachsen: um 60 Prozent.

Hunger ist kein Schicksal. Obwohl auf der Welt zehn Prozent mehr Nahrungsmittel erzeugt werden, als zur Versorgung der gesamten Menschheit nötig wären, steigt erstmals seit den achtziger Jahren die Zahl der Hungernden in den Entwicklungsländern wieder an. Nach Angaben der Welternährungsorganisation (FAO) sind dort rund 830 Millionen Menschen chronisch unterernährt. Rückschritte bei der Versorgung der Bevölkerung werden vor allem aus Afrika und Südasien gemeldet.

Hunger wird von Menschen verursacht. Ich gehe so weit, zu behaupten: Wir lassen Tag für Tag Hunderttausende absichtlich elendig krepieren. Die heutigen KZs sind die Elendsviertel und Flüchtlingslager der Dritten Welt. Sie sind auf unserem Reichtum errichtet.

Die Kritik an den Nord-Süd-Beziehungen kann gar nicht hart genug sein: Ein Weltwirtschaftssystem, das so viele Opfer fordert, ist in Wahrheit ein Mordinstrument, eine Waffe, schlimmer als die Atombomben, die Hiroshima und Nagasaki trafen.

Der real existierende Sozialismus hat versagt, der angeblich siegreiche Kapitalismus nicht weniger! Das Streben nach Profit und immer mehr Profit ist zerstörerisch. Was Globalisierung eigentlich bedeutet, hat der Politologe Franz Nuscheler auf die Formel gebracht: »Global denken, banal reden, fatal handeln«.

Unser übertriebener Lebensstandard geht einher mit einer zunehmenden Bewußtlosigkeit. Wir leben in einer narkotisierten Gesellschaft, geprägt von Gleichgültigkeit und Konformismus. Wo wird nicht überall die Theologie des Schweigens praktiziert?

Jesus sah die Welt und beurteilte sie an den Armen und Kranken. Wir orientieren uns an den Frankfurter Banken-Wolkenkratzern, an Glanz und Glamour der Reichen und Mächtigen. Wir haben jegliches Gefühl dafür verloren, was unser Leben erfüllen könnte.

> »Es ist schön, ein hungerndes Kind zu sättigen,
> ihm die Tränen zu trocknen,
> ihm die Nase zu putzen,
> es ist schön, einen Kranken zu heilen.
> Ein Bereich der Ästhetik, den wir noch nicht entdeckt haben,
> ist die Schönheit der Gerechtigkeit.
> Über die Schönheit der Künste, eines Menschen, der

Natur können
wir uns halbwegs einigen.
Aber – Recht und Gerechtigkeit sind auch schön,
und sie haben ihre Poesie, wenn sie vollzogen
werden.«

Heinrich Böll

Was für Kriege!

»Zieht nun in neue Kriege nicht, ihr Armen
Als ob die alten nicht gelanget hätten:
Ich bitt euch, habet mit euch selbst Erbarmen!«

Bertolt Brecht

Wer weiß das schon? 1921 trennte die britische Kolonial-macht Kuwait von der irakischen Provinz Basra ab. Damit verlor der Irak seinen Zugang zum Persischen Golf.

30 Jahre später wagte es die iranische Mossadegh-Regie-rung, die anglo-iranische Ölgesellschaft – heute: British Pe-troleum (BP) – zu verstaatlichen. Die Vereinigten Staaten intervenierten. Schah Reza Pahlewi stürzte mit Hilfe des US-Geheimdienstes CIA 1953 die Mossadegh-Regierung. Am Aufbau der berüchtigten iranischen geheimen Staats-polizei SAVAK beteiligte sich unter anderem US-General Norman Schwarzkopf, dessen gleichnamiger Sohn knapp vier Jahrzehnte später zum bekanntesten Heerführer sei-ner Zeit werden sollte.

Im Nachbarland Irak kam es 1958 zu einer Volkserhe-bung gegen die pro-britische Monarchie. Durch einen Mili-tärputsch brachte sich Abdel Karim Kassem an die Macht. Die Königsfamilie wurde hingerichtet, Unternehmen wur-den verstaatlicht. Wieder intervenierten die Vereinigten Staaten. Mit Hilfe der CIA wurde Kassem 1963 gestürzt.

Verschiedene instabile Regierungen wechselten sich ab, bis sich 1968 die Baath-Partei an die Regierung putschte. Sie sieht in der arabischen Welt eine unteilbare politische und wirtschaftliche Einheit und propagiert einen Sozialis-mus, der seine Wurzeln im arabischen Nationalismus hat. Konsequent wurden ausländische Firmen verstaatlicht und

Erdöl als »politische Waffe im Kampf gegen Imperialismus und Zionismus« propagiert. Daraufhin setzten die USA den Irak auf eine Liste angeblich pro-terroristischer Regierungen und unterstützten die Kurden im Norden des Landes, die für ihre Unabhängigkeit kämpfen.

Derweil wuchs im Iran die Opposition gegen das Schah-Regime. Der bekannteste Oppositionelle war der Moslemführer Ayatollah Khomeini, seit 1964 im Exil, zunächst im Irak, dann in Paris, wo ich ihn und seinen Sohn Ahmed zweimal traf. Im Januar 1979 wurde der Schah vom Volk aus dem Land gejagt, die Islamische Republik ausgerufen.

Wieder sahen die USA ihre Interessen in Gefahr. Präsident Carter verkündete 1980, man werde den Zugang zum Öl des Persischen Golfes notfalls mit militärischen Mitteln sichern. Washington bildete eine schnelle Eingreiftruppe, später CENTCOM genannt.

Im selben Jahr fiel mit stillschweigender Zustimmung der USA der Irak in den Iran ein. Es kam zu einer Annäherung zwischen Washington und Bagdad, wo seit Juli 1979 Saddam Hussein an der Macht ist und sich seitdem als Führer der arabischen Welt zu etablieren versucht. 1982 wurde der Irak von Washington von der Liste terroristischer Staaten gestrichen, zwei Jahre später diplomatische Beziehungen aufgenommen.

Die Vereinigten Staaten unterstützten im Iran-Irak-Krieg beide Seiten: Sie verkauften Waffen an Saudi-Arabien, Kuwait und Jordanien, die im Krieg auf der Seite des Irak standen. Sie lieferten Saddam Hussein Geheimdienstinformationen. Andererseits bot man 1985 der Teheraner Regierung Hilfe zum Sturz von Hussein an. Der Iran erhielt heimlich Waffen im Tausch gegen im Libanon festgehaltene US-amerikanische Geiseln. Die Erlöse aus diesem Geschäft wurden von Washington an die rechtsgerichteten Contra-Rebellen in Nicaragua weitergeleitet, obwohl dies der US-Kongreß untersagt hatte. Wie sich später herausgestellt hat, waren an dieser Iran-Contra-Affäre Präsident Reagan und sein Kabinett direkt beteiligt.

Im Iran-Irak-Konflikt ging es dem Westen vor allem darum, sich den Zugriff auf die gewaltigen Erdölreserven der Region zu sichern. »Einen Sieg des einen oder des anderen Landes wollten wir vermeiden«, erklärte ein Vertreter der damaligen Reagan-Regierung der »New York Times«. Der ehemalige US-Außenminister Henry Kissinger sprach offen aus, was andere dachten: »Ich hoffe, sie bringen sich gegenseitig um.« Und er fügte hinzu: »Zu schade, daß nicht beide verlieren können.«

Am 20. August 1988 vereinbarten Bagdad und Teheran einen Waffenstillstand. Acht Jahre hatte der Krieg zwischen dem Iran und dem Irak gedauert. Er soll zwischen 300 und 1000 Milliarden Dollar gekostet haben. Der iranische Wirtschaftswissenschaftler Kamram Mufeed kommt in einer Studie über die Kriegskosten auf eine Gesamtsumme von 1067 Milliarden Dollar. Berücksichtigt sind zerstörte Industrie- und Ölanlagen, Gebäude, Häfen und anderen Einrichtungen sowie die militärischen Kriegskosten und die Einnahmeausfälle beider Länder im Krieg.

Rüstungsexporte sind gewollt

Ohne die massive direkte und indirekte Hilfe von außen hätten sich die Kriegsparteien nicht so lange gegenseitig abschlachten können. Neben vielen deutschen Unternehmen – Ferrostahl AG (Essen), MAN (München), Hochtief (Essen), die Klöckner-Werke (Duisburg) und Mannesmann (Düsseldorf) – waren fast 300 Firmen aus 28 Ländern an der Aufrüstung des Irak beteiligt. Sie haben kräftig am Gemetzel verdient.

In Deutschland sind seit 1991 wegen der Irak-Geschäfte 150 Ermittlungsverfahren eingeleitet worden. Doch welche Manager sind im Gefängnis gelandet? Soviel ich weiß, nur der Inhaber der Firma Rhein-Bayern, Anton Eyerle, und zwei seiner Geschäftsführer. Fünfeinhalb Jahre Haft lautete das Urteil gegen Eyerle. Die beiden Mitangeklagten wurden zu dreieinhalb Jahren beziehungsweise 27 Monaten verurteilt. Jemand, der eine Bank mit einer Spielzeug-pistole überfällt, wird meist härter bestraft.

Tatsache ist: Die Bundesrepublik Deutschland ist in den vergangenen Jahrzehnten zu einem der größten Exporteu-re von Kriegsmaterial geworden. Sie rangiert zwischen Platz zwei und vier auf der blutigen Weltrangliste der Rü-stungsexporteure. Wir können nicht behaupten, nichts da-von gewußt zu haben. »Der größte Waffenhändler«, sagte einmal Gerhard Mertins, selbst Waffenhändler, »ist der verantwortliche Regierungschef.« Recht hat er: 99 Prozent der Rüstungsexporte sind gewollt – genehmigt – geheim. 19 344 Exportgenehmigungen für Rüstungsgüter hat das Bundesausfuhramt 1998 erteilt. Die deutsche Wirtschaft hat nach Angaben des Bundeswirtschaftsministeriums in diesem Jahr Waffen, Munition und Rüstungsmaterial im Wert von 12,5 Milliarden Mark in alle Welt ausgeführt. Ich weiß nicht, wie die Leute schlafen können, die diese Aus-fuhren absegnen.

Erschütternd: Manch ein ehrenwerter Manager der Rü-stungsindustrie wird mit dem Bundesverdienstkreuz aus-gezeichnet, manch einer sitzt sogar im evangelischen oder katholischen Kirchenvorstand, nimmt beim Kirchen- oder Katholikentag eine wichtige Rolle ein. Da wird Eugen Dre-wermann mit Lehrverbot belegt, geschiedene Katholiken werden oft von den Sakramenten ausgeschlossen, aber jene, die die Welt aufrüsten, anderen die Mordwaffen rei-chen, genießen den Schutz der Kirche, da sie viel Kirchen-steuern zahlen.

Man kann heute so wenig von einer Wirtschaftsethik sprechen wie im »Dritten Reich«. Sind Wettbewerb und Moral überhaupt vereinbar?

Operation Wüstensturm

Das Scheichtum Kuwait, »weniger ein Staat als eine in Fa-milienbesitz befindliche Ölgesellschaft mit eigener Flagge« (New York Times), beschloß einen Tag nach dem iranischirakischen Waffenstillstandsabkommen 1988 eine drastische Erhöhung der Ölförderung – ein Schritt, der gegen OPEC-Vereinbarungen verstieß und den Rohölpreis von 21 auf 11 Dollar pro Faß sinken ließ. Den Irak kostete das 14 Milliarden Dollar im Jahr. Mehr noch: Kuwait plante, verstärkt in der strittigen Grenzregion zu Irak Ölquellen auszubeuten. Dank der von den USA gelieferten Schrägbohr-Technologie konnte Kuwait Ölfelder abpumpen, die unbestreitbar auf irakischem Boden liegen.

Last not least: Kuwait hatte den Irak während des Iran-Irak-Krieges mit 30 Milliarden Dollar unterstützt – Gelder, deren Rückzahlung jetzt gefordert wurde.

Die kuwaitischen Herrscher begannen einen Wirtschaftskrieg gegen den Irak, mit tatkräftiger Hilfe der Vereinigten Staaten. Am 16. Juli 1990 beschuldigte Saddam Hussein Washington und Kuwait, sich ökonomisch gegen sein Land verschworen zu haben, was nicht hingenommen werde könne. Tags darauf konzentrierte er Truppen an der Grenze zum Scheichtum.

Jordaniens König Hussein und Saudi-Arabiens König Fahd suchten zu vermitteln. Doch die Haltung der kuwaitischen Herrscherfamilie Al-Sabah war kompromißlos: Kein Eingehen auf den Irak. »Wenn es ihnen nicht paßt, sollen sie unser Land doch besetzen«, erklärte der kuwaitische Scheich Sabah einer jordanischen Delegation, »wir werden die Amerikaner ins Spiel bringen.«

Am 24. Juli 1990 veranstalteten die USA mit den Vereinigten Arabischen Emiraten »kurzfristige« Manöver im südlichen Golf. Saddam Hussein zitierte die US-Botschafterin April Glaspie zu sich, die ihm versicherte: »Zu arabisch-arabischen Konflikten, wie zum Beispiel Ihre Auseinandersetzung mit Kuwait über die gemeinsame Grenze, haben wir keine Meinung.« US-Außenminister Baker wollte »dies nachdrücklich ... betonen«.

Am 2. August 1990 überfiel der Irak Kuwait – offensichtlich im Glauben, die Vereinigten Staaten würden nicht eingreifen. Am folgenden Tag verurteilte der UN-Sicherheitsrat den Irak. Am 6. August wurden Sanktionen gegen den Irak verhängt. Zwei Tage später annektierte Saddam Hussein Kuwait; die USA kündigten die Entsendung von 40 000 Soldaten an.

Der Irak verlangte am 12. August eine Verknüpfung der Kuwait-Frage mit den israelisch besetzten Gebieten Gaza und Westbank. Washington lehnte ab.

Im November kündigte US-Präsident Bush die Aufstokkung des Truppenkontingents der Vereinigten Staaten am Golf auf 400 000 Soldaten an. Mit der am 29. November verabschiedeten UN-Resolution 678 wurden militärische Mittel autorisiert, sofern der Irak Kuwait nicht bis zum 15. Januar 1991 zurückgegeben haben würde.

Vom 9. bis 13. Januar 1991 befand ich mich zusammen mit einer Delegation kanadischer Theologen im Irak. Unsere Aufgabe war es, dabei mitzuhelfen, einen Krieg durch Verhandlungen zu verhindern. Als Pastor und Lehrer hatte ich nicht nur die Möglichkeit, mit Christen und Muslimen, vor allem mit Geistlichen, zu sprechen, sondern auch Schulen zu besuchen. Unvergeßlich und erschütternd war der Besuch eines Mädcheninternats. Auf meine – wie ich erst später bemerkte – dumme Frage, was sie einmal werden wollten, kam die Antwort, daß die Vereinten Nationen sie bald zerschlagen würden und sie dann nicht mehr am Leben seien. – Später erfuhr ich, daß die Mädchenschule kurz darauf durch Bomben vernichtet worden ist.

Auf einem Rundgang entdeckte ich Schilder deutscher, englischer, italienischer, österreichischer, französischer und US-amerikanischer Firmen – ein Indiz für das wirtschaftliche Engagement westlicher Firmen im Irak.

Hussein hatte Ausländer zu Geiseln gemacht. Willy Brandt und andere Politiker waren in Bagdad gewesen, um mit dem irakischen Führer – mit Erfolg – über ihre Freilassung zu verhandeln. Trotzdem hielten sich, als ich den Irak besuchte, noch Vertreter vieler ausländischer Firmen im Land auf. Meine Frage, ob sie keine Angst hätten, bei einem möglichen Kriegsausbruch getötet zu werden, verneinten sie. Sie lebten in Orten nahe der Hauptstadt, die den westlichen Verteidigungsministerien bekannt wären und nicht bombardiert werden sollten. Ich mußte an Hamburg während des Zweiten Weltkrieges denken, als der Großindustriellen-Wohnort Blankenese von den Alliierten nicht bombardiert worden war.

In Bagdad besuchte ich auch eine Kirche, in der syrisch-orthodoxe Christen zu Christus und Allah beteten, zum Teil die ganze Nacht. Die Gruppe war zu klein, um auf die irakische Regierung Einfluß ausüben zu können.

Anschließend besuchte ich das international bekannt gewordene Friedenslager 420 Kilometer südlich von Bagdad nahe Arar. Diese Gruppe, die sich einmischte und einen Krieg verhindern wollte, verdient Achtung. Wäre sie durch hervorragende Persönlichkeiten – zum Beispiel Kardinäle, Bischöfe, Kirchenpräsidenten – unterstützt worden, die mit dieser Gruppe als lebende Schutzschilde ihren Kopf für den Frieden hingehalten hätten, hätte vielleicht doch Schlimmes verhindert werden können.

Ich selbst hatte an Friedensdemonstrationen in Bonn und Duisburg teilgenommen, bevor ich in den Irak geflogen war. Ich trug ein Schild mit der Aufschrift: »Kein Blut für Öl«. In einem Interview warnte ich: »Solange wir Generäle zu Friedenskonferenzen schicken, können wir auch Schlachtermeister zu Vegetarierversammlungen entsenden.« Ich wurde deswegen scharf kritisiert, am Telefon bedroht.

Ich hörte den evangelischen Bischof Forck und den Psychoanalytiker Horst Eberhard Richter gegen einen Militäreinsatz sprechen; ich protestierte gemeinsam mit meinem früheren Klassenkameraden Ralph Giordano, der mit Recht eine Bedrohung Israels durch Saddam Hussein befürchtete. Die Bischöfe Lehmann (katholisch) und Kruse (evangelisch) riefen zum Frieden auf. Endlose Friedensgebete wurden gehalten. Aber Beten ist Heuchelei, wenn keine Taten folgen. Wir müssen uns durch gewaltlosen Protest einmischen, immer wieder bei den Verantwortlichen in Kirche, Gesellschaft und Staat vorstellig werden.

Die Mehrheit in den USA wollte keinen Krieg; man dachte an Vietnam. In den Vereinigten Staaten haben protestantische und katholische Bischöfe und Kirchenleiter laut und prophetisch gegen einen Krieg am Golf protestiert. Ihr scharfer Protest wurde hierzulande wenig beachtet und wäre hier auch nicht denkbar: Der deutsche Pfarrer hat Beamtenstatus, Kritik wird nicht erwartet. Geistliche, die sich hierzulande im Namen Jesu Christi im Talar gegen Kernkraftwerke, Giftgasbomben und Krieg einsetzen, werden oftmals entweder in den Wartestand versetzt, manche sogar in den Vorruhestand oder von der Kirchenleitung gemaßregelt.

109 000 Angriffe in 42 Tagen

Die Verhandlungsmöglichkeiten mit Saddam Hussein wurden nicht annähernd ausgeschöpft. Sicher, das Regime Husseins ist ein Rückfall in die primitive Barbarei. Darauf mit Krieg zu antworten, war jedoch nicht intelligenter. Man hätte die »Operation Wüstensturm« durch eine Verlängerung des Wirtschaftsembargos verhindern können.

Ein demokratisches Mitglied des Kontrollausschusses für die Nachrichtendienste des US-Kongresses bestätigte, daß Washington nicht verhandlungsbereit war: »Die Irakis waren offensichtlich der Meinung, daß sie mit der Invasion Kuwaits weltweit die Aufmerksamkeit auf sich lenken, eine Verbesserung ihrer wirtschaftlichen Lage aushandeln und sich dann wieder zurückziehen könnten . . . (Eine) diplomatische Lösung, die auch den Interessen der Vereinigten Staaten gedient hätte, wäre durchaus schon zu Beginn der Invasion möglich gewesen.« Der ehemalige US-Justizminister Ramsey Clark äußerte: »Aber die Bush-Administration wollte keine Verhandlungslösung. Sie wollte Krieg.«

Washington und Kuwait schürten die Kriegsbereitschaft. Dazu trug nicht unwesentlich die Aussage einer 15jährigen vor einem Ausschuß des US-Kongresses bei. Das Mädchen, das angeblich geflüchtet war, berichtete, wie irakische Soldaten Brutkästen in kuwaitischen Krankenhäusern abgeschaltet und zirka 250 Babys auf die Straße geworfen hätten. Auch der kuwaitische US-Botschafter Nassir Al Sabah bestätigte dies. Erst später dementierten kuwaitische Ärzte die Behauptung. Die Öffentlichkeit erfuhr, daß das Mädchen kein Flüchtlingskind war, sondern die Tochter des kuwaitischen Botschafters in den Vereinigten Staaten. Die US-Werbefirma Hill & Knowlton gestand, zehn Millionen Dollar von der Botschaft erhalten zu haben, um die Lüge zu verbreiten.

Die amerikanischen Medien verglichen Hussein mit Hitler, warfen der irakischen Armee Greueltaten gegen die kuwaitische Bevölkerung vor, die niemals stattgefunden hatten. Die Stimmung in den Vereinigten Staaten schlug um, die Kriegsbereitschaft wuchs.

Was dann folgte, ist bekannt: Bis Mitte Januar 1991 dauerte der Truppenaufmarsch. 540 000 Soldaten – US-Amerikaner, Saudis, Kuwaitis, Briten, Ägypter, Franzosen, Syrer, Bangladeshis, Pakistanis, Kanadier, Marokkaner, Italiener, Australier, Senegalesen, Nigrer, Spanier, Niederländer, Belgier, Argentinier, Griechen und Tschechoslowaken – wurden am Golf stationiert, deutsche Bundeswehr-Soldaten in der Kriegsetappe Türkei. Schon am 29. Dezember 1990 hatte US-Präsident Bush General Norman Schwarzkopf angewiesen, mit dem Angriff auf den Irak am 16. Januar 1991 um 19.00 Uhr Washingtoner Zeit zu beginnen – zur besten Sendezeit der Abendnachrichten an der Ostküste der Vereinigten Staaten. Innerhalb von einer Stunde wurden 85 Prozent der Stromkraftwerke Iraks zerstört, innerhalb von zwei Tagen fast alle wichtigen Versorgungseinrichtungen im Land.

Aus Bagdad waren die allermeisten Journalisten vor Kriegsausbruch abgereist. Nur Peter Arnett vom US-amerikanischen CNN (Cable News Network) berichtete weiter kontinuierlich aus der irakischen Hauptstadt, zeigte Bilder, die kein anderer lieferte. Natürlich wurde er kontrolliert, waren seine Arbeitsmöglichkeiten stark eingeschränkt, ihm aber vorzuhalten, er habe für Hussein ¬ropaganda betrieben, ist absurd.

Wir erlebten den ersten Krieg live an den Fernsehbildschirmen. Doch was wir präsentiert bekamen, war sorgfältig gefiltert, denn die Militärzensur funktionierte hundertprozentig. Malcom Browne, der Kriegskorrespondent der »New York Times«, einer Zeitung, die die »Operation Wüstensturm« befürwortete, empörte sich: »Ich habe nie etwas Vergleichbares gesehen, was das Ausmaß der Überwachung und Kontrolle der Militärs über die Korrespondenten angeht. Wenn die ganze Umgebung kontrolliert wird, ist ein Journalist kein Reporter in der amerikanischen oder angelsächsischen Tradition mehr. Er arbeitet vielmehr wie die Propagandakompanien der Nazis.«

Der ehemalige US-Justizminister Ramsey Clark: »Nach irakischen Kriegsopfern fragten die Medien kaum. Sie nahmen die Versicherung von General Schwarzkopf hin, der geäußert hatte: ›Wir werden auch weiterhin absichtlich vorsichtig mit dem sein, was wir Ihnen und dem amerikanischen Volk erzählen...‹ Die Presse akzeptierte Berichte über die Zerstörung irakischer Panzer, Militärfahrzeuge, Geschütze und Truppenteile, die blanke Propaganda waren. Sie gab Schätzungen von Pentagon-Beamten über mehr als 100 000 irakische Gefallene wieder und stellte das nicht als menschliche Tragödie dar, sondern als Triumph des Krieges. Den Vergleich mit den 148 gefallenen Amerikanern, von denen die meisten dem Feuer der eigenen Seite zum Opfer gefallen waren, wurde nie angestellt.«

Die alliierten Luftstreitkräfte flogen innerhalb von 42 Tagen 109 000 Angriffe auf den Irak und luden 88 000 Tonnen Bomben ab. Ihre Sprengkraft entsprach sieben Hiroshima-Bomben. Erstmals in einem Krieg wurde uranhaltige Munition eingesetzt. Welche verheerenden Auswirkungen dieser massive Militäreinsatz auf die irakische Zivilbevölkerung hatte, darüber berichteten die Medien so gut wie gar nicht. Nein, uns wurde vorgegaukelt, bei den Angriffen habe man sich auf militärische Ziele beschränkt.

Mit »chirurgischen Schlägen« habe man »Ziele bedient«, auf deutsch: bombardiert. Kampfflugzeuge wurden zu »Gewaltpackungen«, Menschen zu »weichen Zielen«, Gebäude zu »harten«. Nur mit so einem Vokabular konnte der zerstörerischste und folgenschwerste Krieg der modernen Zeit herrlich, sauber und anständig vorgeführt werden.

Unser Vertrauen in die Pressefreiheit ist durch den Golfkrieg tief erschüttert worden. Die bundesdeutsche Berichterstattung war nur ein Abbild der US-amerikanischen. Haben wir früher die Bevormundung osteuropäischer Medien durch den kommunistischen Staat beklagt, erlebten wir nun ähnliches. Wer sich nicht völlig verdummen lassen wollte, mußte sich durch mehr oder weniger objektive Kurzwellenprogramme informieren. Hervorragend waren die englische BBC und Dubai. Empfangen konnte man ebenso deutschsprachige Sendungen aus Saudi-Arabien, Jordanien, Kairo und Israel.

Zu den wahren Helden des Golfkrieges zählen für mich die US-Kriegsdienstverweigerer, Soldaten, die es ablehnten, am Golf zu kämpfen. Hunderte taten das – was kaum einer weiß. Viele auch in Deutschland Stationierte stellten einen Antrag auf Entlassung aus den Streitkräften. Man verfrachtete sie zum Teil gewaltsam, in Hand- und Fußschellen gefesselt, an den Golf.

Ganz richtig war die Haltung derer, die in der Bundesrepublik Deserteure der amerikanischen Armee zu einem »Winterurlaub« eingeladen hatten. Viele versteckten nicht nur »fahnenflüchtige« Kriegsdienstverweigerer, sondern sammelten auch Geld für spätere Gerichtsverfahren.

Der US-Marinesoldat Eric Larsen war der bekannteste Verweigerer. Er sprach auf zahlreichen Friedenskundgebungen, hielt sich einen Monat bei Freunden in Deutschland versteckt, bevor er sich den US-Militärbehörden stellte. Das Marinekorps klagte ihn wegen Desertion im Krieg an, ein Vergehen, bei dem die Todesstrafe verhängt werden kann. Aufgrund weltweiter Proteste wurde er nur wegen

»unerlaubten Entfernens von der Truppe« zu einer sechsmonatigen Haft verurteilt.

33 römisch-katholische Bischöfe appellierten in den USA an Präsident Bush, Kriegsdienstverweigerer zu amnestieren, da die katholische Kirche die Kriegsdienstverweigerung als moralische und vom Evangelium abgeleitete Option anerkennt. Daß die Angeklagten freiwillige Berufssoldaten seien, entwerte ihre Haltung nicht.

Die gnadenlose Härte gegen US-Soldaten rief weltweites Aufsehen hervor. In den Vereinigten Staaten setzten sich Hunderte von Schriftstellern, Politikern und Künstlern für die Nichtbestrafung der Kriegsdienstverweigerer ein. Doch das Pentagon zeigte keine Gnade.

Unglaublich bleibt, wie nach dem Krieg 800 000 Menschen in New York City ihren Soldaten zujubelten. Nur wenige Fernsehstationen zeigten einige mutige Frauen, Männer und Kinder mit Plakaten, die der Opfer dieses Krieges gedachten. Vietnam-Veteranen verwiesen auf ihre Not. Aber die Protestierenden wurden von der Polizei in Nebenstraßen abgedrängt.

Bedauerlich ist, daß im Juni 1991 der baden-württembergische Ministerpräsident Teufel (CDU), der Stuttgarter Oberbürgermeister Rommel (CDU), der damalige Kanzleramtschef Seiters (CDU) und Altbundespräsident Scheel (FDP) an der US-Siegerparade in Stuttgart teilnahmen. Welchen Zweck verfolgen denn derartige Veranstaltungen?

Kein Victory-Party-Thema war, daß die von den Alliierten erstmals in einem Krieg eingesetzte uranhaltige Munition 40 Tonnen radioaktiver Trümmer hinterlassen hat, die langfristig die Gesundheit der Menschen in der Golfregion beeinträchtigen, sprich: Krebs und Erbschäden hervorrufen werden. Darüber hinaus sind Nieren- und Lungenschäden wahrscheinlich. Die britische Atomenergiebehörde spricht von möglicherweise bis zu einer halben Million Todesfälle in der Wüste des Irak und Kuwaits. Denn Uran-238 behält seine Radioaktivität über Jahrmillionen.

Bei meiner Vortragsreise in den USA 1993 erfuhr ich, daß auch 20 000 US-Armeeangehörige betroffen sind, die am Golf eingesetzt worden waren. Sie dürfen kein Blut mehr spenden. Bei vielen schwangeren Soldatinnen ist es zu Fehlgeburten gekommen. Andere Kriegsteilnehmer beklagen Haarausfall, Zahn- und Kopfschmerzen, Gedächtnisverlust, Hautausschlag, Muskel- und Gelenkschmerzen, oder ihr Blutbild hat sich verändert. Die Ursachen können vielfältig sein: Auch die Mannschaften, die mit der uranhaltigen Munition hantierten, waren einer erhöhten Strahlenbelastung ausgesetzt. Kuwaits brennende Ölfelder setzten giftige Emissionen frei. Die Impfungen gegen biologische Waffen beziehungsweise die Tabletten, die vorbeugend gegen chemische Kampfstoffe genommen werden mußten, könnten solche Nebenwirkungen auslösen.

Mittlerweile protestieren Soldaten vor dem Weißen Haus, da sie sich ärztlich nicht ausreichend versorgt fühlen. Den »Helden von gestern« geht es oft nicht besser als den »Helden von vorgestern«, den Vietnam-Veteranen. Viele haben Schwierigkeiten, sich zurechtzufinden. Viele Ehen gehen kaputt, der Alkoholismus nimmt zu.

Der Lutherische Weltbund, die Dachorganisation für 106 evangelisch-lutherische Kirchen mit rund 56 Millionen Mitgliedern, hat gleich nach Kriegsende die westlichen Staaten für den Golfkrieg verantwortlich gemacht. Sie hätten selbst den Irak über ein Jahrzehnt aufgerüstet. Die Theorie des »gerechten Krieges« wurde diskutiert. Auf der Weltkonferenz in Chicago strich man die Notwendigkeit einer Neubesinnung heraus, denn es könne im Zeitalter der Massenvernichtungswaffen keine gerechten Kriege mehr geben. Christen müßten sich von Begriffen wie »heiliger Krieg« oder »gerechter Krieg« distanzieren. Die Siegesfeiern wurden vom evangelisch-lutherischen Weltgremium angesichts der Leiden Hunderttausender Iraker verurteilt.

»Eine Frau sagte zu mir beim Abendessen, ein paar Wochen nach den Golfkrieg-Siegesfeiern, daß die Atmosphäre im Land der einer Party in einem schönen Haus gleiche, mit gutem Essen und netter Musik und schönen Blumen. Aber irgendwoher käme ein furchtbarer Gestank, er nähme zu, aber keiner wolle der erste sein, der dies bemerke«, so der US-Bestsellerautor Kurt Vonnegut. »Der Gestank kommt vom Gemetzel, das die Vereinigten Staaten im Irak angerichtet haben. Unsere politische Führung hat im Golfkrieg Kriegsverbrechen begangen, die ohne Zweifel mit den Kriegsverbrechen der Nazis im Zweiten Weltkrieg vergleichbar sind.«

Wie gesagt, ich bin kein Freund von Saddam Hussein. Er ist ein Diktator, der über Leichen geht. Aber er konnte sich nur so lange an der Macht halten, weil er zu lange vom Westen hofiert wurde, von Deutschen wie Amerikanern. Und was hat der Golfkrieg erreicht? Gut, die irakischen Truppen mußten aus Kuwait abziehen, betreiben aber weiterhin systematischen Massenmord an Kurden, Sumpfnomaden und Schiiten. Im Januar 1992 ließ Hussein 80 Offiziere hinrichten, die angeblich an einem Umsturzversuch beteiligt waren. Hauptleittragender ist jedoch das irakische Volk. Lebensmittel sind unbezahlbar geworden, Arzneimittel knapp. Die Kindersterblichkeit ist rapide angestiegen, Brechdurchfall, Typhus und Cholera breiten sich aus. Die Gesundheitsversorgung ist zusammengebrochen. Babynahrung und Trockenmilch fehlen ... In den neunziger Jahren sollen 500 000 bis 900 000 Kinder im Irak gestorben sein, weil ihnen das Nötigste zum Leben aufgrund des verhängten Wirtschaftsembargos vorenthalten wurde. Halleluja – wir sitzen sonntags in beheizten Kirchen, singen, beten und dösen weiter vor uns hin.

100 Milliarden Dollar hat die »Operation Wüstensturm« gekostet. Die Bundesrepublik und Japan haben rund die Hälfte der Kosten des »Waffenspaziergangs« getragen. Was hätte man nicht alles mit diesem Geld anstellen können? 25 Milliarden Dollar jährlich würden ausreichen, um der Mangelernährung von Kindern, vermeidbaren Seuchen und dem weitverbreiteten Analphabetismus in der Welt in den nächsten zehn Jahren ein Ende zu setzen. Diese Anga-

ben machte das Kinderhilfswerk UNICEF, das gleichzeitig den Rückgang der Entwicklungshilfe der Industriestaaten und internationaler Finanzinstitutionen zur Versorgung von Kindern mit Grundnahrungsmitteln, Gesundheits- und Bildungsprogrammen beklagte.

Kritische Solidarität mit Israel

Während des Golfkrieges telefonierte ich täglich für drei Minuten mit ehemaligen jüdischen Klassenkameraden aus meiner Schulzeit in Hamburg, die nach Israel ausgewandert waren. Ich wollte wissen, wie es ihnen ging, wie sie die irakischen Scud-Raketenangriffe auf ihr Land – insgesamt waren es rund 70 – überstanden, mit der Angst vor Giftgas- attacken fertig wurden. Während dieser Gespräche saßen meine Freunde manchmal im Luftschutzkeller. Man hörte Geschosse, Einschläge, Flugabwehrfeuer, das Schreien der Kinder. Grauenhaft.

»Warum kommst du nicht einfach mal her?« fragten mich meine israelischen Freunde.

Mich freiwillig den irakischen Angriffen aussetzen? Eigentlich hatte ich genug Kriege erlebt.

Nach 24stündiger Bedenkzeit entschied ich mich, nach Israel zu fliegen. Keiner wollte dorthin. Im Jumbo-Jet saßen ganze 16 Passagiere.

Ich war in Tel Aviv Gast bei der Familie eines Freundes, dessen Ehefrau kurz nach Ausbruch des Golfkrieges ge- storben war. Sie hatte es nervlich nicht überstanden. Im Wohnviertel meiner Gastgeber war nur ein kleiner Teil durch eine Scud-Rakete zerstört worden. Immer wieder heulten die Sirenen. Wir mußten uns in Luftschutzkeller begeben und Gasmasken aufsetzen. Die Kinder hatten Schwierigkeiten, sie zu tragen. Oft behalf man sich damit, ihnen nasse Tücher vor Nase und Mund zu halten. Es herrschte eine schreckliche Angst. Menschen weinten, manche schrien, andere wiederum kuschelten sich anein- ander.

Ich wollte die Bombenkrater der Scud-Raketen sehen. Man sagte mir, Ausländern sei dies verboten. »Sie könnten ja, nachdem Sie Israel wieder verlassen haben, von den Irakern als Geisel genommen werden und dann unter Folter aussagen, wo die Bomben eingeschlagen haben.« Die Iraker könnten so Informationen erhalten, wie sie ihre Geschütze genauer einstellen müßten, hieß es als Begründung.

Man fuhr mich aber doch – mit verbundenen Augen – zu einem Ort, wo eine Scud eingeschlagen war. Ich erfuhr, daß ein Mensch ums Leben gekommen war, viele Verletzte in Krankenhäusern lagen.

Bei meinen Gesprächen spürte ich keine anti-deutsche Haltung. Vielmehr wurden – nicht nur die deutschen – Rüstungsexporte in den Irak heftig kritisiert. Man legte mir Listen mit den »Waffenhelfern von Saddam Hussein« vor, auf ihnen bekannte deutsche Unternehmen, die Irak unter anderem zur Giftgasproduktion befähigt haben. Mir wurde unmißverständlich deutlich gemacht, daß die akute Bedrohung Israels auch von der deutschen Regierung mit zu verantworten sei.

Besorgt zeigte man sich von der innenpolitischen Entwicklung im vereinigten Deutschland. Der Neonazismus, die sich ausbreitende Ausländerfeindlichkeit, aber auch das Gegröle der deutschen Vertriebenenverbände, die sich nicht mit der Oder-Neiße-Grenze abfinden wollen, werden aufmerksam verfolgt. Mit Recht erntete Bundeskanzler Kohl Unverständnis, als er von der »Gnade der späten Geburt« sprach oder seinerzeit meinte, den österreichischen Bundespräsidenten Kurt Waldheim treffen zu müssen, der beschuldigt worden ist, in der Nazi-Zeit an Kriegsverbrechen beteiligt zu sein, und deshalb nicht in die USA einreisen darf.

Natürlich haben die Überlebenden des Holocaust nichts vergessen. Es verbittert sie bis heute, und das kann ich gut verstehen, daß 95 Prozent der Nazi-Kriegsverbrecher in Deutschland nicht bestraft worden sind. Das ist für sie die

»zweite deutsche Schuld«. Die »dritte Schuld« wird in der deutschen Unterstützung von Kräften wie Hussein gesehen, die den israelischen Staat bedrohen.

Positiv wird die Arbeit der jungen Freiwilligen der deutschen Aktion Sühnezeichen Friedensdienste in Israel erlebt. Seit mehr als drei Jahrzehnten arbeiten sie in Projekten mit Überlebenden des Holocaust, mit Behinderten, Blinden und Kindern, in der Gedenkstätte Yad Vashem und im Leo-Baeck-Institut. Im April 1978 war auf eine Gruppe der Aktion Sühnezeichen Friedensdienste bei einer Fahrt nach Nablus in den besetzten Gebieten ein Bombenanschlag verübt worden, bei dem zwei Freiwillige getötet, fünf schwer verletzt worden waren. Die Organisation hat trotzdem ihre Arbeit fortgesetzt, will »dem Haß eine Kraft entgegensetzen«. Ihre Position ist eindeutig: Solange Israels Zukunft in Nahost unsicher ist, solange Überlebende der Konzentrationslager in Israel und anderswo leben, solange die Folgen des Holocaust im jüdischen Volk fortwirken, solange es bei uns in Deutschland Antisemitismus und Antijudaismus gibt, solange jeder fünfte Deutsche keinen Juden als Nachbarn haben möchte, solange gilt die Solidarität den Juden. Und solange arabische Staatsbürger Israels Bürger zweiter Klasse und das Palästinenser-Problem nicht durch die Respektierung von deren Rechten ganz gelöst wird, verdienen auch sie Solidarität, wohl wissend, daß es auch in ihren Reihen Kräfte gibt, die den Friedensprozeß gewaltsam torpedieren wollen.

Mir fällt es immer schwer, als Jahrgang 1925 und damit als Mitglied der Versager-Generation, meine jüdischen Freunde in Israel zu kritisieren, doch ich bin erschüttert, wie die Palästinenser oftmals behandelt werden. Nicht nur amnesty international hat beklagt, daß Palästinenser in israelischen Gefängnissen gefoltert worden sind. Natürlich weiß ich auch von den Terroranschlägen der Palästinenser.

Es ist zu hoffen, daß der Friedensprozeß zwischen Arabern und Juden zu Fortschritten führt, daß sich nicht die

Kräfte durchsetzen, die Gewalt und Terror predigen, sondern »PEACE NOW« fordern.

Besuch in der Hölle Kuwait

Als Kuwait 1961 von Großbritannien unabhängig wurde und sich Scheich Al-Sabah zum Herrscher ernannte, weigerte sich der Irak, das Land anzuerkennen. Der neue Staat sei ein künstliches Gebilde, das nur einen Zweck erfüllen sollte: den Briten Zugang zu den Ölquellen zu sichern.

Nach der Verfassung von 1962 wurde eine Nationalversammlung mit 50 Mitgliedern gewählt. Wahlberechtigt waren nur Männer über 21 Jahre, deren Väter und Großväter schon vor 1920 in Kuwait gelebt hatten. Kein Kandidat durfte einer politischen Partei angehören. Von den 826 500 Kuwaitis, die 1990 im Land lebten, sind deshalb nur 85 000 wahlberechtigt – falls überhaupt Wahlen stattfinden.

Der Öl-Boom veränderte Kuwait innerhalb von wenigen Jahren. Ein unerhörter Luxus kehrte ein. Die Dreckarbeit mußten »Gastarbeiter« leisten, deren Zahl schon 1970 genauso hoch war wie die der Einheimischen. 1985 kamen auf einen Kuwaiti schon zwei Ausländer, darunter 300 000 Palästinenser. Die Staatsbürgerschaft erhielten die Ausländer nicht, selbst wenn sie in Kuwait geboren und aufgewachsen waren. Ihre Kinder mußten das Land verlassen, sobald sie 18 Jahre alt wurden.

Kuwait scheffelte Petro-Dollar, investierte sie in den achtziger Jahren bei BP (zehn Prozent der Anteile), Hoechst (23 Prozent), Daimler Benz (14 Prozent) und der Midland Bank (elf Prozent). Der zunehmende Reichtum ging nicht mit einer politischen Liberalisierung einher. Im Gegenteil: 1986 wurde die Nationalversammlung aufgelöst. Diktator Jamir Al-Sabah, 1977 an die Macht gekommen, regierte per Dekret. Hausdurchsuchungen, Verhaftungen ohne gesetzliche Grundlage, Ausweisungen im Schnellverfahren, Folter und Todesstrafe waren an der Tagesordnung.

Als im August 1990 Saddam Husseins Truppen einmarschierten, befanden sich Hunderttausende von Kuwaitis nicht im Land – sondern auf Urlaub. Fast 300 000 Kuwaitis und 150 000 palästinensische »Gastarbeiter« flohen. Al-Sabah ging ins Exil. Die Herrscherfamilie, deren Privatvermögen auf mehrere hundert Milliarden Dollar geschätzt wird, zahlte jedem Kuwaiti im Exil 2 000 Dollar Wohn- und Taschengeld, nicht der Staat. »Nach der Rückkehr wurde der Kontostand jedes Kuwaiti auf den Tag des irakischen Einmarsches zurückgestellt und verzinst – gleichgültig, wieviel er über Auslandsfilialen inzwischen abgehoben hatte. Darüber hinaus übernahm die Regierung sämtliche Darlehen, die kuwaitische Bürger zur Anschaffung von Gebrauchsgütern und Häusern verwendet hatten«, berichtete der »Spiegel«.

Der Golfkrieg verwüstete das Land: 659 Ölanlagen wurden von den Irakis in Brand gesetzt oder – das ist auch vorgekommen – durch alliiertes Feuer in Brand geschossen, 76 liefen aus. Anderthalb Milliarden Barrel (Faß = 159 Liter) fackelten ab oder ergossen sich in die Wüste. Sechs Millionen Barrel (umgerechnet fast eine Milliarde Liter) Öl verseuchten den Persischen Golf. Die Küsten wurden dauerhaft geschädigt. Die bis zu 300 Meter hohen Feuersäulen schleuderten über 2,5 Millionen Tonnen Ruß, eine Million Tonnen Schwefel und über 100 000 Tonnen Stickoxide in die Luft. Schwarze Wolken verhüllten den Himmel – mit nicht absehbaren Folgen für das Weltklima. 1993 ist es zu 600 sogenannten Naturkatastrophen gekommen. Sie sind letztlich Folge eines nie dagewesenen Öko-Krieges, der noch unzählige Opfer fordern wird, vor allem unter unseren Kindern.

Es wird geschätzt, daß der Wiederaufbau Kuweits zwischen 150 und 200 Milliarden Dollar kostet. Die ökologischen Schäden sind jedoch irreperabel.

Im Mai 1991, als die brennenden Ölfelder noch nicht gelöscht waren, besuchte ich als Mitglied einer Delegation der US-Menschenrechtsorganisation »Middle East Watch«

Kuwait. Experten verglichen die Brände mit der Reaktorkatastrophe von Tschernobyl. In der Hauptstadt Kuwait-City war es mittags noch fast dunkel. Menschen mit leichten Atem- und Herzbeschwerden sollten den ganzen Tag in geschlossenen Räumen bleiben. Die meisten Leute liefen mit Taschentüchern oder anderen Lappen vor den Nasen und Mündern herum. In einem Kinderkrankenhaus hörte ich, daß die meisten Kinder von Schwindel und Ohnmacht geplagt wurden, dazu von hohem Fieber. Auch ich mußte ständig husten. Ich vergesse nie das fettschwarze Rauch-Ruß-Gemisch, das auf unseren Gesichtern, unseren Haaren und unserer Kleidung lag. Welche gesundheitlichen Auswirkungen dies auf die Menschen haben muß, die dem monatelang ausgesetzt waren, vermag ich nicht zu beurteilen. Mir reichten die wenigen Tage!

Acht Monate dauerte es und zwei Milliarden Dollar kostete es, die Brände zu löschen. Seitdem ist Kuwait wieder in weite Ferne gerückt. Die Warnungen von Umweltorganisationen wie Greenpeace, welche andauernden, globalen Auswirkungen der Umweltkrieg haben wird, werden in den Wind geschlagen. Wenn sich überhaupt noch jemand erinnern mag, heißt es gleich, alles sei ja bei weitem nicht so schlimm, wie man angenommen hatte. Die Beruhigungsspritze wird angesetzt, wir sollen ruhiggestellt werden – wie einst nach Tschernobyl. Nach uns die Sintflut. Wenn sie kommt, leben wir sowieso nicht mehr. An unsere Kinder und Enkel mag keiner denken. Ich möchte nicht in ihrer Haut stecken.

Kuwait ist befreit, aber der Krieg geht weiter. Weit über 1000 Menschen sind in Kuwait ums Leben gekommen, nachdem die Iraker abgezogen sind – durch Minen. Die Räumung aller Minen wird Jahre dauern und mehr als eine Milliarde Dollar kosten. Einer verdient immer.

Zum Beispiel der US-Konzern Bechtel. Er zählt zu den Baumultis, die an der Vorbereitung des Golfkrieges verdienten und nun beim Aufbau Kuwaits. Bechtel-Manager waren Washingtons Ex-Verteidigungsminister Caspar

Weinberger und Ex-Außenminister George Schultz. Eine Hand wäscht die andere.

Die Reichen Kuwaits sind heimgekehrt, als wäre nichts passiert. In ihren abgeschirmten, klimatisierten Prachtbauten genießen sie ihre Privilegien wie eh und je. Aus der in Aussicht gestellten Demokratisierung ist nicht viel geworden. Die Opposition hat weiterhin einen schweren Stand, obwohl sie bei den Wahlen zur Nationalversammlung am 5. Oktober 1992 die Mehrheit der Sitze errang.

Kuwaits Frauen kämpfen immer noch um ihr Wahlrecht. Manch eine ist von den irakischen Besatzern vergewaltigt worden und wird deshalb heute verachtet. Ausländerinnen zahlen den Preis: Hunderte geben an, nach dem Krieg durch Angehörige der kuwaitischen Armee und Zivilisten mißbraucht worden zu sein. Die Botschaften der Philippinen, Bangladeshs und Sri Lankas waren mit zufluchtsuchenden Frauen überfüllt.

Amnesty international hat im März 1991 die Weltöffentlichkeit darauf aufmerksam gemacht, daß nach Kriegsende für die Ausländer – Palästinenser, Irakis, Beduinen, Jordanier und andere – das Leben in Kuwait zur Hölle wurde. Ihre Arbeits- und Aufenthaltsgenehmigungen wurden für ungültig erklärt. Wer neue erhalten wollte, mußte mit fünf kuwaitischen Bürgen aufwarten. Allen, die geflüchtet waren, wurde die Wiedereinreise verwehrt, ihr zurückgelassenes Eigentum zumeist beschlagnahmt. Schlimmer noch: Manche derjenigen, die geblieben waren, wurden beschuldigt, mit den Irakis kollaboriert zu haben. Mindestens 20 Menschen sind deshalb in Schnellverfahren zum Tode verurteilt worden, 62 Menschen nach Recherchen von amnesty international »verschwunden« – in geheimer Haft, zu Tode gefoltert oder ermordet worden.

Nicht nur die Behörden und Militärs mißhandelten Ausländer, die jahrelang in Kuwait gearbeitet hatten, auch Zivilisten vergingen sich an ihnen. Ich selbst habe erlebt, wie Palästinenser und Beduinen, auch Kinder, auf offener Straße gedemütigt und gefoltert wurden, indem ihre Pobacken mit den Heizdrähten alter Kochplatten verbrannt wurden. »Middle East Watch«, amnesty international und andere haben all diese zutiefst entwürdigenden Praktiken dokumentiert. Doch US-Präsident George Bush zeigte Verständnis. Er erklärte auf einer Pressekonferenz am 1. Juli 1991: »Ich glaube, wir erwarten ein bißchen viel, wenn wir die Leute in Kuwait bitten, freundlich zu denen zu sein, die ihre Landsleute ausspioniert haben, die brutal zu ihren Familien waren und dergleichen mehr.« Daß Bush Vergewaltigungen, wahlloses Foltern und Töten billigte, trug ihm einen kuwaitischen Orden ein.

Kuwait, von den Alliierten befreit, aber was für ein Preis wurde dafür gezahlt! Ich weiß nicht, wie die Hölle aussieht, aber schlimmer kann sie auch nicht sein.

»Gott ist Brasilianer«

»Wir sind ein ›heidnisches‹ Land mit christlicher
Vergangenheit und christlichen Restbeständen.«

Karl Rahner (katholischer Theologe)

Als Papst Johannes Paul II. das erste Mal Brasilien besuchte, wartete dort eine der größten Tageszeitungen mit der
Überschrift auf: »Gott ist Brasilianer, doch der Papst ist
Pole«. Deutlicher kann man nicht zum Ausdruck bringen,
wie sehr die Kirche – nicht nur die katholische – in dieser
Welt gespalten ist. Auf der einen Seite die Institution, die
sich seit Jahrhunderten mit den Herrschenden verbündet,
auf der anderen Seite die »Kirche der Armen«, die die Interessen der im Elend lebenden Massen durchsetzen will: die
Befreiung von Abhängigkeit, Bevormundung, Manipulation, Ausbeutung und Unterdrückung.

Wenn heute die Kirchen hierzulande zahllose Austritte
verzeichnen, ihnen immer mehr Menschen den Rücken zuwenden, dann bekommen sie die Quittung dafür, daß sie
sich zu lange mit Unwesentlichem beschäftigt haben.

Wenn Menschen in der Dritten Welt nichts von den Kirchen wissen wollen, dann deshalb, weil sie es leid sind, von
weißen Missionaren beglückt zu werden. Für sie ist Mission in den letzten Jahrhunderten mit Ausplünderung einhergegangen.

Die Kirchenverdrossenheit ist jedoch hier wie dort nicht
gleichbedeutend damit, daß die Botschaft Jesu Christi zum
»Auslaufmodell« geworden ist. Die Kirchen haben aufgehört, Jesus in den Durstigen und Hungrigen, in den Fremden, Nackten, Kranken, Gefangenen und Gefolterten zu

sehen. Wo sie in ihnen wieder ihre Nächsten sehen, beginnt ein heilbringender Prozeß.

Ein Beispiel: Der junge irische Priester Niall O'Brien kam 1964 auf die philippinische Zuckerinsel Negros. In seinem Buch »Die Kinder von Negros« schreibt er: »Plötzlich fesselte etwas in einem Hauseingang meine Aufmerksamkeit. Ein kleiner Junge, vielleicht sieben Jahre alt, lag dort schlafend auf dem kalten Betonboden. Ich zögerte . . . doch dann gingen wir weiter, und ich sagte nichts. Einen Augenblick später hatten wir den Kleinen hinter uns gelassen. Aber als ich in dieser Nacht schlaflos in der Sicherheit meines Zimmers lag, trat das Bild dieses kleinen Jungen wieder vor mir . . . – gerade so, als wäre ich dieses Kind und hätte Vater und Mutter verloren. Mir war klar, ich hätte nicht vorbeigehen dürfen.«

Niall O'Brien wandte sich den ausgebeuteten, hungernden Zuckerarbeitern und ihren Familien zu. Er lebte mit ihnen, versuchte, sie aus ihrem Fatalismus und ihrer Passivität herauszuholen. Grundstrukturen der Selbsthilfe entstanden. Der Mut wuchs, Unrecht zu benennen und nach Abhilfe zu suchen. Niall O'Brien und seine Basisgemeinden riefen damit den Widerstand der Mächtigen hervor. Sie gerieten unausweichlich in Konflikt mit den Plantagenbesitzern und ihren Privatarmeen, mit dem Militär und dem Marcos-Regime.

Wie den Konflikt austragen? Einige Priesterkollegen schlossen sich der Guerilla an. Niall O'Brien entschied sich für den gewaltfreien Kampf. Am Ende landete er aufgrund einer fingierten Mordanklage zusammen mit seinen Mitarbeitern im Gefängnis. Erst auf internationalen Druck hin wurde Niall O'Brien 1985 freigelassen, mußte aber das Land verlassen.

Nach dem Sturz des Diktators Marcos kehrte er 1987 auf die Philippinen zurück. Doch bis heute kann er sich seines Lebens nicht sicher sein; sein Name steht auf den Listen der Todesschwadronen.

Für Niall O'Brien ist das Evangelium, das nicht auch auf soziale Veränderungen aus ist, Schwindel, genauso wie es ein Frieden ohne Gerechtigkeit ist. Er predigt die Revolution, nicht den gewaltsamen Umsturz, den blutigen Kampf, sondern die Revolution des Herzens, die nur dann wirklich radikal ist, sprich, an die Wurzeln des Übels geht, wenn sie gewaltfrei ist.

Anwalt der Armen

In Kolumbien ging Camilo Torres einen anderen Weg. Er kam aus einem reichen Elternhaus, war Priester und Soziologe, Studentenpfarrer. Er wurde ein weltberühmter Mann, aber seine Kirchenleitung verstieß ihn. Sie war zu abhängig von den Mächtigen im Land. Torres brach mit dem katholischen Klerikalismus und wurde 1965 Mitarbeiter der Guerilla. »Ich habe das Christentum gewählt, weil ich in ihm die reinste Form fand, meinem Nächsten zu dienen«, erklärte er. »Ich wurde von Christus auserwählt, Priester in Ewigkeit zu sein, so bewegt war ich von dem Wunsch, ganz der Nächstenliebe zu leben. Als Soziologe wollte ich, daß die Liebe sachgerecht und mit Hilfe der Wissenschaft verwirklicht wird. Bei der Analyse der kolumbianischen Gesellschaft wurde mir die Notwendigkeit einer Revolution bewußt, um die Hungrigen zu speisen, die Nackten zu bekleiden und das Wohl der Mehrheit unseres Volkes zu erreichen... Die revolutionäre Arbeit steht aber derzeit im Widerspruch zur Disziplin in der gegenwärtigen Kirche.«

Am 15. Februar 1966 kam Camilo Torres ums Leben, wahrscheinlich erschossen von Armeeangehörigen. Von den Armen Lateinamerikas wird er ähnlich verehrt wie Che Guevara auf Kuba.

Auch wenn ich als Pazifist seinen Weg nicht ganz nachvollziehen kann, habe ich Respekt und hüte mich, über Leute wie ihn den Stab zu brechen, denn ich darf nicht die Augen davor verschließen, was in Kolumbien in den letzten

Jahrzehnten passiert ist. Ich weiß nicht, wie ich im Namen Jesu Christi gehandelt hätte.

Zweieinhalb Jahre nach Camilo Torres' Tod tagte in der kolumbianischen Stadt Medellin die II. Generalversammlung der lateinamerikanischen Bischöfe. In ihrer »Botschaft an die Völker Lateinamerikas« besannen sie sich auf ihre eigene Geschichte, ihre eigenen Werte und Probleme – und lösten sich damit von Positionen des Vatikans:

»Lateinamerika ist außer einer geographischen Realität eine Gemeinschaft von Völkern mit eigener Geschichte, mit spezifischen Werten und ähnlich gelagerten Problemen. Die Auseinandersetzung damit und die Lösungen müssen dieser Geschichte, diesen Werten und diesen Problemen entsprechen...

Sein menschliches Potential, das wertvoller als die verborgenen Reichtümer seines Bodens ist, macht aus Lateinamerika eine vielversprechende Realität voller Hoffnungen. Seine beängstigenden Probleme kennzeichnen ebenfalls diese Realität mit Zeichen von Ungerechtigkeiten, die das christliche Gewissen verletzen.

Die Vielfältigkeit und die Schwierigkeit seiner Probleme übersteigen diese Botschaft.

Lateinamerika scheint noch unter dem tragischen Zeichen der Unterentwicklung zu leben, was unsere Brüder nicht nur vom Genuß der materiellen Güter, sondern auch von ihrer eigenen menschlichen Verwirklichung trennt. Trotz der gegenwärtigen Bemühungen gibt es immer noch Hunger und Elend, Massenerkrankungen und Kindersterblichkeit, Analphabetismus und Marginalität, enorme Lohnunterschiede und Spannungen zwischen den sozialen Klassen, Anfänge der Gewalt und geringe Teilnahme des Volkes in Fragen des Gemeinwohls.«

Mit dieser Erklärung übten die katholischen Bischöfe Kritik am herrschenden kapitalistischen System und wiesen den Weg zu einer Kirche der Armen – ein Zeichen der Hoffnung.

Noch deutlicher wurde die peruanische Bischofskonferenz, die 1971 ein Dokument veröffentlichte, in dem es klipp und klar heißt: »Wir teilen mit den Nationen der Dritten Welt das Schicksal, Opfer von Systemen zu sein, die unsere wirtschaftlichen Reichtümer ausbeuten, unsere politischen Entscheidungen kontrollieren und uns die kulturelle Vorherrschaft ihrer Werte und ihrer Konsumzivilisation aufdrängen.« Gefordert wurde eine »Überwindung des kapitalistischen Modells«. Die Kirche solle ermutigen »bei der Suche eines eigenen Weges hin zu einer sozialistischen Gesellschaftsordnung mit humanistischem und christlichem Inhalt«.

Priester und Laien, die sich dieser »Theologie der Befreiung« verschrieben, hatten unter den lateinamerikanischen Militärdiktaturen einen schweren Stand. »Gebe ich einem Armen ein Stück Brot, bin ich ein Heiliger, sage ich ihm aber, warum er arm ist, bin ich ein Kommunist«, charakterisierte der brasilianische Bischof Dom Helder Camara die Situation. Und dieser Vorwurf wog besonders schwer zu Zeiten der Militärdiktatur.

Dom Helder Camara zählt zu den bekanntesten, aber oft auch vergessenen Nachfolgern Jesu Christi. Ich habe ihn mehrfach in Recife im Nordosten Brasiliens besucht. Seinen Bischofssitz hatte er anderen Mitmenschen zur Verfügung gestellt und sich selbst auf ein, zwei Räume zurückgezogen. Man hat versucht, den kleinen, freundlichen Mann zu diskreditieren und zu isolieren. Sein Koordinator für die Landpostoral, Pater Antonio Pereira Neto, wurde im Mai 1969 »von unbekannten Tätern« ermordet, sein theologischer Berater, der Belgier P. José Comblin, 1972 an der Wiedereinreise nach Brasilien gehindert. Der bescheidene, fromme Bischof und seine Mitarbeiter erhielten wiederholt Morddrohungen.

Die lateinamerikanischen Befreiungstheologen haben sich nicht beirren, nicht einschüchtern lassen. Den westlichen Elfenbeinturm-Theologen sei gesagt: Diese verfolgten Christen stehen in der Nachfolge Jesu Christi, der alles andere als ein Softie war. Jesus Christus war auch kein Superstar, kein Theologieprofessor mit dickem Gehalt. Er lehrte auch nicht an wohlangesehenen Universitäten und in pompösen Kathedralen, sondern er predigte auf staubigen Straßen, in dreckigen Elendsvierteln, heruntergekommenen Freudenhäusern und trostlosen Obdachlosenasylen. Seine revolutionäre Botschaft wird heute in den lateinamerikanischen Basisgemeinden gehört.

Diese Basisgemeinden wurden von der III. Generalversammlung der lateinamerikanischen Bischöfe im mexikanischen Puebla 1979 als »Motoren der Befreiung und Entwicklung« bezeichnet. Was sie leisten, hat Hildegard Lüning beschrieben: »Basisgemeinden werden Urheber von Streiks und Demonstrationen. Sie organisieren Widerstand gegen die Vertreibung von Indianern, deren Land für die Ausbeutung von Bodenschätzen oder für exportträchtige Viehzucht freigegeben wurde. Sie ermutigen Obdachlose zum Hüttenbau auf Niemandsland am Großstadtrand und streiten mit Großgrundbesitzern um die Wasserzufuhr in die Gemüsegärten ihrer Knechte. Kurz: Basisgemeinden übernehmen in lateinamerikanischen Militärdiktaturen Aufgaben, die in Rechtsstaaten von Gewerkschaften, Genossenschaften und politischen Parteien wahrgenommen werden.«

Doch wo immer Kirche zum Anwalt der Armen wurde, geriet sie unweigerlich unter Beschuß. Priester und Laien wurden bedroht, verhaftet, verschleppt, gefoltert, ermordet. Der Name des Erzbischofs von San Salvador, Oscar Arnulfo Romero, steht für viele. Er ließ sich nicht von der kleinen Minderheit, die im mittelamerikanischen El Salvador alle Macht an sich gerissen hat, einschüchtern. »Wenn die Verteidigung der Menschenrechte ›subversiv‹ ist, dann bin ich ein ›Subversiver‹«, bekannte er mutig. »Wenn ich die Ungerechtigkeit anprangere, so tue ich dies, weil es zur Aufgabe des Bischofs eines unterdrückten und gedemütigten Volkes gehört. Das Evangelium drängt mich, es zu tun, und in seinem Namen bin ich bereit, vor Gericht gebracht zu werden, ins Gefängnis, ja, in den Tod zu gehen.«

Am 24. März 1980 wurde Oscar Arnulfo Romero von rechtsextremen Todesschwadronen umgebracht.

Begegnungen mit Gustavo Gutierrez und Leonardo Boff

Der erste, der die Befreiungstheologie über die Grenzen Lateinamerikas hinaus bekannt gemacht hat, war der Peruaner Gustavo Gutierrez. Er ist nicht, wie es oft heißt, ihr Begründer, wohl aber derjenige, der als erster ihre theologischen Grundlagen systematisiert und publiziert hat.

Ich bin froh, ihm begegnet zu sein. Der angesehene, zugleich äußerst angefeindete Professor für Theologie und Sozialwissenschaften an der San-Marcos-Universität in Lima, Jahrgang 1928, hauste, als ich ihn aufsuchte, in zwei Zimmern. Der einzige Luxus, den er sich leistete, waren ein Telefon, ein Fernsehapparat, ein Radiogerät und ein Computer. Im Keller lagen Hunderte von Exemplaren seiner Bücher in über einem Dutzend verschiedener Sprachen. Er sagte nur: »Bedienen Sie sich.« Ich suchte mir alles in deutscher und englischer Sprache heraus, soweit ich es noch nicht hatte. Im Gegensatz zu unserer theologischen Literatur verzichtet Gutierrez meist auf hebräische und griechische Begriffe und ist – im wahrsten Sinne des Wortes – lesbar.

Wer aufnimmt, was Gutierrez sagt, schämt sich für all den Mord und Totschlag, für Ausbeutung und Folter, die wir Weißen, sogenannte Christen, den Menschen in Lateinamerika zugefügt haben. Nicht so der deutsche Präfekt der römischen Glaubenskongregation, Joseph Kardinal Ratzinger, einst Erzbischof von München und Freising. Er hielt dem Peruaner eine einseitige Politisierung der Theologie vor und verlangte von der Bischofskonferenz seines Landes disziplinarische Maßnahmen. Die Bischöfe lehnten dies jedoch im April 1984 ab (bei Stimmengleichheit von 18 zu 18).

Zu dieser Entscheidung hat einer der großen katholischen Nachkriegstheologen Deutschlands, Karl Rahner, beigetragen. Zwei Wochen vor seinem Tod hatte er am 16. März 1984 in einem Brief an den Erzbischof und Kardinal von Lima Gutierrez' Theologie verteidigt. Sie sei durchaus »orthodox«, bringe »die Stimme der Armen« zu Gehör und diene der »konkreten Verkündigung«. »Eine Verurteilung von Gustavo Gutierrez hätte, davon bin ich überzeugt, sehr negative Auswirkungen auf das ganze Klima, in dem heute eine lebendige und der Verkündigung dienende Theologie allein lebendig bleiben kann. Es wird heute verschiedene Schulen und Richtungen geben, die unter Umständen untereinander in einer heftigen Kontroverse begriffen sind. Aber das war immer so, auch im Mittelalter und in der Barocktheologie gab es einen legitimen Pluralismus in der katholischen Theologie. Es wäre bedauerlich, wenn heute ein solcher legitimer Pluralismus durch administrative Maßnahmen über Gebühr eingeschränkt würde«, schrieb Rahner.

Ratzinger, im Fall Gutierrez erfolglos, suchte sich ein neues Opfer: den brasilianischen Franziskanerpater Leonardo Boff. Ich habe ihn nur einmal in Petropolis bei Rio de Janeiro getroffen. Auch er beeindruckte durch seine Bescheidenheit.

1984 wurde Boff zu einem »Kolloquium« vor die römische Glaubenskongregation geladen, man kann auch sagen, zu einem Verhör der einstigen Inquisitionsbehörde zitiert. Nicht weniger als zehn brasilianische Bischöfe begleiteten ihn aus Solidarität. Sein besonderes Vergehen in den Augen des Vatikans: Kritik an der Institution Kirche.

Boff hatte dem Vatikan vorgehalten, sich zu sehr mit den Mächtigen dieser Welt eingelassen zu haben, so daß er keine »kritische Haltung gegenüber Ungerechtigkeit und Unterdrückung, die dem Volk das Leben schwermachen, einnehmen könnte«. Er warf ihm Machtbesessenheit vor: »Da die Kirche zentralistisch und autoritär strukturiert ist, paßt sie sich ohne Gewissensprobleme autoritären, ja totalitären Regimen an – unter der Bedingung, daß ihre Rechte nicht verletzt werden.«

Boff weiter: »Sosehr es die gegenwärtigen Inhaber der christlichen Macht auch irritieren mag, es führt kein Weg an der Feststellung vorbei, daß die Institution Kirche die Prüfung der Macht nicht bestanden hat. Man hätte erwarten können, daß sie im Laufe der Geschichte einen anderen, evangeliumsgemäßen Stil der Machtausübung entwickelt hätte. Dagegen hielt sie sich an die Kriterien heidnischer Macht: Herrschaft, Zentralisierung, Marginalisierung, Triumphalismus und menschliche Hybris in sakralem Gewand.« (Das könnte man auch über evangelische und andere protestantische Kirchen in Europa und Nordamerika sagen.)

Boff, der Sprecher jener Kirche, die »nicht denken und nicht reden darf«, ahnte, was ihm blühte: »Alles Neue (in der Kirche) wird sogleich mit Verdacht belegt, weil die Neigung zur Apologie des kirchlichen Status quo vorherrscht und mehr Loyalität gegenüber der Institution als zu Treue gegenüber der Botschaft und den Forderungen des Evangeliums. Die Idee der Sicherheit wiegt schwerer als die der Wahrheit und Wahrhaftigkeit. Spannungen werden oft genug mit Druck erstickt, wobei nicht selten menschliche Grundrechte, die sogar von konfessionslosen oder offiziell atheistischen Gesellschaften respektiert werden, Schaden leiden.«

Der Vatikan verhängte 1985 gegen Boff ein einjähriges »Schweigegebot«. Später wurde ihm die Lehrbefugnis an der theologischen Fakultät von Petropolis entzogen. Er verlor seinen Posten als Chefredakteur der katholischen Zeitung »Voces«. Ein Nachfolger Jesu Christi, ein einfacher »Streetworker« wurde von Männern, die in Prunk und Reichtum in Rom leben, mit Strafen belegt, wie ein Verbrecher. Wer kann es Boff verdenken, daß er schließlich sein Priesteramt aufgab, um Jesus Christus und damit den Armen im Namen Gottes in größerer Freiheit besser dienen zu können?

Die Kirche fürchtet den befreienden Gott der Armen

Die brasilianische Kirche – in keinem Land der Welt leben mehr Katholiken – soll wieder »auf Kurs« gebracht werden. Als Dom Helder Camara 1985 aus dem aktiven Kirchendienst ausschied, bestimmte der Vatikan José Cardoso Sobrinho zu seinem Nachfolger. Er hat es fertiggebracht, das soziale Engagement seiner Diozöse völlig zu ersticken.

Auch in anderen Ländern Lateinamerikas wird aufgeräumt. Der Vatikan hat der »Volkskirche« den Kampf angesagt, ja, den Krieg erklärt, weil sie angeblich die kirchliche Einheit zerstöre und die Gläubigen gegen den Klerus aufwiegele. Die autoritäre Kirche hat Angst vor einem Gott, der befreit, Angst vor einem Gott, der die Armen unterstützt.

Wenn der Papst in die Dritte Welt reist, wird er – ähnlich wie Touristen – nicht mit dem zum Himmel schreienden Elend konfrontiert. Slums werden dem Erdboden gleichgemacht oder umgesiedelt, Mauern errichtet, damit der Papst keinen Blick auf die Armenviertel wirft. (Ich habe mich vor beziehungsweise nach Visiten von Johannes Paul II. in Tansania und an der Elfenbeinküste selbst davon überzeugen können.)

Der Vatikan hört nicht auf die Gläubigen, sondern paukt seine Positionen durch – auch hierzulande. Gegen deutliche Voten setzte der Papst zum Beispiel in Köln Kardinal Meisner durch. Die römische Politik der Stellenbesetzung ist unbiblisch, zutiefst undemokratisch und erschüttert die Glaubwürdigkeit der Kirche. In Lateinamerika, wo fast die Hälfte aller Katholiken lebt, wolle Rom, so Leonardo Boff, eine Kirche etablieren, die nach europäischen Maßen geschneidert sei: »Das finde ich ungerecht. Wir leben nicht mehr in der Kolonialzeit.« Eigentlich sei es an der Zeit, daß ein Lateinamerikaner zum Papst gewählt werde.

Bei aller Kritik am Vatikan darf man nicht die Aktivitäten der US-amerikanischen evangelikalen Sekten in Lateinamerika außer acht lassen. Wenn gegen diese Gruppierungen nichts getan wird, werden die letzten indigenen Kulturen zugrunde gehen. Diese pseudo-christlichen Sekten sind teilweise vom US-Geheimdienst CIA, aber auch von internationalen Konzernen beeinflußt und werden als »Waffe gegen die Befreiungstheologie« eingesetzt.

1980 erarbeitete das sogenannte »Komitee von Santa Fé« für den US-Rat für Internationale Sicherheit ein Konzept, das mit zum Regierungsprogramm des damaligen Präsidentschaftskandidaten Ronald Reagan werden sollte. In einer der in diesem Dokument formulierten Empfehlung heißt es: »Die Außenpolitik der USA muß damit beginnen, der Theologie der Befreiung, wie sie in Lateinamerika durch den Klerus . . . angewendet wird, zu begegnen (und nicht nur im nachherein zu reagieren). Die Rolle der Kirche in Lateinamerika ist entscheidend für den Begriff politischer Freiheit. Leider haben die marxistisch-leninistischen Kräfte die Kirche als politische Waffe gegen den Privatbesitz und das kapitalistische Produktionssystem genutzt und die religiöse Gemeinde mit Ideen durchsetzt, die weniger christlich als kommunistisch sind.«

Man muß sich dies vor Augen führen: Die Befreiungstheologen haben den Zorn der US-Politik auf sich gezogen. Im sogenannten Rockefeller-Bericht heißt es, die katholische Kirche gefährde durch ihren Ruf nach sozialen Reformen die Interessen der Vereinigten Staaten in Lateinamerika. Deutlicher konnte es nicht gesagt werden. Man empfahl, soziale Bewegungen wie Gewerkschaften unter Kontrolle zu bringen, und zwar durch Finanzmittel für das Militär. Allein El Salvador erhielt damals jährlich 200 Millionen Dollar Militärhilfe aus den Vereinigten Staaten.

Washingtons Haltung gegenüber der Theologie der Befreiung – insbesondere zu Zeiten Ronald Reagans – hat Regierungen, Militär und Polizei in Lateinamerika bestärkt, gnadenlos gegen die Kirche der Armen vorzugehen.

Besonders erfolgreich sind evangelikale Sekten in Guatemala gewesen. Dort ist ein Drittel der Bevölkerung – nicht zuletzt unter Druck des von den USA ausgebildeten Militärs – zu den fundamentalistischen, evangelikalen Sekten aus den USA abgewandert. Ihnen gehören auch ehemalige und heutige Diktatoren an, darunter der Massenmörder und Präsident General Rios Montt, der sogar evangelischer Theologe und Pastor ist.

In dem mittelamerikanischen Land, in dem Menschenrechtsverletzungen an der Tagesordnung sind – die Friedensnobelpreisträgerin Rigoberta Menchú hat darüber eindrucksvoll berichtet –, protestierte der katholische Erzbischof gegen die Vorführung zweier Lambada-Filme, weil sie »junge Menschen zur Sünde verleiten«. Hat der Mensch keine anderen Sorgen?

Berichte, die Theologie der Befreiung verliere an Bedeutung, spiegelten lange Zeit nur das Wunschdenken Konservativer wider. Ihre Botschaft trägt auch in Asien und Afrika Früchte. Für mich ist das ein Zeichen der Hoffnung. Die Basisgemeinden überall in der Dritten Welt sind meines Erachtens zu einer großen Menschenrechtsbewegung geworden. Doch sie haben es sehr, sehr schwer, finden sie so gut wie keine Unterstützung bei den Kirchen in Nordamerika und Europa.

Wir müssen von ihnen lernen, denn Kirche hat nur dann eine Existenzberechtigung, wenn sie immer und überall »Kirche für andere« ist – wie es einst Dietrich Bonhoeffer formulierte, der für seine christliche Überzeugung im Widerstand gegen die Nazis sein Leben opferte. Die Kirchen, das ist meine Überzeugung, sind der demokratischen Subversion verpflichtet.

Schützt das geborene Leben!

Seit 1960 habe ich siebenmal Lateinamerika besucht. Ich berichtete von dem, was ich erfahren habe, unter anderem in meinem Buch »Entscheidung für die Hoffnung«. Ich war bei Kirchen aller Glaubensrichtungen, Gewerkschaften, Sozialarbeitern in Elendsvierteln, in Projekten des Deutschen Entwicklungsdienstes (DED) zu Gast.

Ich besuchte, von Bolivien aus, die Nambikwara-Indianer auf brasilianischem Gebiet. Sie müssen um ihr Leben bangen, denn zahlreiche Goldsucher dringen in ihre Reservate ein und bedrohen sie mit Waffen. Die Nambikwara besitzen überhaupt keine Waffen, um sich zu wehren. In anderen Gegenden ändert sich das: Einige Indianer im Amazonasstaat Rondonia wagen es, Holzfäller zu ermorden, die seit geraumer Zeit Indianer einfach verschleppen, um ungestört den Raubbau am Regenwald zu betreiben. Der kirchliche Indianer-Missionsrat, der der brasilianischen Bischofskonferenz nahesteht, hat immer wieder betont, daß die Indianer die Invasion Außenstehender nicht weiter hinnehmen werden.

Was den Ureinwohnern im brasilianischen Urwald angetan wird, ist Völkermord. Die Mißstände im brasilianischen Amazonasgebiet eskalieren täglich. Es wird nicht nur zerstört, die Umwelt kaputtgemacht – es wird gnadenlos ausgebeutet. Die staatliche Indianerschutzbehörde (FUNAI) ist unfähig, ihren Verpflichtungen nachzukommen. Die Regierung in Brasilia ist dafür verantwortlich. Das Aufgebot an Sicherheitskräften für den Umweltgipfel in Rio 1992 belegt, daß sie ähnliches für ihr eigenes Volk aufbieten könnte.

Die Kirche kann nicht aus der Pflicht entlassen werden, den Indianern zu helfen. Über 200 brasilianische Bischöfe, welch eine große Zahl, erwarten von der katholischen Kirche, daß sie sich für die »Komplizenschaft« bei der Zerstörung der alten Kulturen in Lateinamerika öffentlich entschuldigt: »Wir wollen die Geschichte korrigieren. Wir wollen, daß die Kirche öffentlich um Verzeihung bittet und sich bemüht, die zerstörten Kulturen wiederherzustellen.«

Doch was machte der Papst im Oktober 1991? Er sagte den brasilianischen Indianern: »Die Kirche war immer auf eurer Seite.« Was sollen die Indianer von solcher Unwahrheit halten? Der Papst gedachte der Missionare, die sich für die Indianer aufopferten, aber er gedachte nicht der mit Schweigen der Missionare geopferten Indianer. Und die starben auch, weil durch das Eindringen der Weißen ihr natürlicher Lebensrhythmus zerstört wurde. Wir haben Krankheiten wie Durchfall, Grippe, Masern, Malaria eingeführt, die die Ureinwohner gar nicht kannten.

Wir Weißen sind nach Lateinamerika gekommen, um das Evangelium von Jesus Christus zu verkündigen. Was haben wir gemacht? Wir haben gestohlen, geplündert, ausgebeutet, absichtlich verhungern lassen – und leben heute in Reichtum. Wir haben in den Ureinwohnern nur »Untermenschen« gesehen. Das ist das Thema unserer Missionsgeschichte, die nicht an den theologischen Fakultäten gelehrt wird. Kreuz und Schwert haben die Weißen Lateinamerika gebracht. Das Verbrechen der Weißen wurde zur Gewohnheit.

Dazu zählen auch die Morde an den brasilianischen Straßenkindern. Von 1988 bis 1992 wurden mehr als 7000 Straßenkinder von staatlichen Todesschwadronen »hingerichtet«, meist von Sondereinheiten der berüchtigten Militärpolizei, die nicht befürchten müssen, zur Rechenschaft gezogen zu werden. Im Gegenteil, sie erhalten noch Beifall. Der Vorsitzende des »Klubs der Unternehmer« von Rio de Janeiro meinte im Januar 1991: »Wer ein Straßenkind tötet, tut der Gesellschaft einen Gefallen. Schließlich sind das keine Kinder. Kinder sind die, die bei uns im Haus bleiben.«

Man schätzt, daß zirka sieben Millionen Kinder auf der Straße leben, viele Klebstoff – Pattex von Henkel – schnüffelnd, um ihren Alltag zu vergessen. Was bleibt ihnen, als sich durch Kleinkriminalität über Wasser halten? Wie sollen sie ihren Hunger stillen?

Ich werde nie in meinem Leben die Bewohner der Elendsviertel vergessen, weder die von Bombay noch die von Rio de Janeiro. Viele Menschen leben vom Müll und suchen auf Abfallhalden das heraus, was sie noch essen oder verkaufen können. Die meisten Touristen, aber auch kirchliche Besucher, nehmen sie überhaupt nicht wahr. Sie sehen Brasilien mit anderen Augen, in Rio den Zuckerhut, das Wahrzeichen der Stadt, und den hübschen Strand von Copacabana.

Für weltweites Aufsehen sorgt nur, wenn ein Mann wie Francisco Chico Mendes ermordet wird. Der international bekannte Umweltschützer, ein Vorbild für die Umweltorganisationen in der westlichen Welt, fiel einem Großgrundbesitzer und dessen Sohn zum Opfer – sie erhielten milde Strafen.

Brasilien ist ein Land der kleinen Minderheit der Großgrundbesitzer und der Masse der verarmten, versklavten Landbevölkerung. Offiziell hat die Regierung die Sklaverei 1888 abgeschafft, doch es gibt sie immer noch. Wer an diesem feudalen System zu rütteln wagt, wie Landreform-Aktivisten und Rechtsanwälte, die sich für die Belange der Landlosen einsetzen, ist seines Lebens nicht mehr sicher – über 200 fielen in den letzten Jahren Killern zum Opfer, genauso wie unzählige Sklavenarbeiter, teilweise noch im Kindesalter. Verantwortlich: staatliche Todesschwadronen, Soldaten, Polizisten, aber auch Viehzüchter und Großgrundbesitzer, die Pistoleros engagiert haben.

Wir nehmen kaum Notiz von den Berichten über die alltäglichen Morde. Wir hören nicht, wenn kleine Basisgruppen davon berichten. Seit Jahren nehmen wir nicht einmal die konservativen Bischöfe Brasiliens zur Kenntnis, die immer wieder von dem zunehmenden Terror bei Landkonflikten sprechen, von Mord und Totschlag auf der Straße und im Urwald. Selbst auf Gewerkschaftsleute, Priester und Ordensmitglieder werden Anschläge verübt.

Hier geht es um geborenes Leben, das die Kirche schützen sollte, aber wir ereifern uns hierzulande in krankhaften Diskussionen immer nur über das ungeborene Leben, das es zu schützen gilt. Was für eine Heuchler-Theologie: Schutz des Ungeborenen, kein Schutz für die, deren Leben bedroht ist.

Der Papst könnte den Willen Jesu Christi tun, indem er Druck auf die brasilianische Regierung in Sachen Landreform ausüben würde. Er könnte seinen päpstlichen Nuntius, seinen Botschafter, zurückziehen. Er könnte den brasilianischen Botschafter beim Vatikan rauswerfen. All das ist möglich, aber Geld und Macht sind wichtiger als die Nachfolge Jesu!

Natürlich findet der Papst hier und da Worte der Kritik am Kapitalismus, aber sie sind so wohlformuliert, daß sich keiner an ihnen stößt.

Umweltschutz in der Demokratie der Millionäre

Brasilien, einer unserer wichtigsten Handelspartner in der Dritten Welt (welcher große deutsche Konzern hat keine Niederlassung dort?), ist lange von einer Militärdiktatur regiert worden. Die Offiziere sind abgetreten, das heißt, sie haben die Uniform ausgezogen. Es hat keinen grundlegenden Machtwechsel gegeben. Bestenfalls gibt es dort eine Demokratie der Millionäre, die sich auf Kosten anderer bereichern. Sollte es einen Nobelpreis für Korruption geben, die Regierung in Brasilia würde ihn bekommen. Präsident Fernando Collor de Mello hat nicht nur Korruptionsgelder von brasilianischen Firmen, sondern auch von ausländischen Unternehmen angenommen. Fast ein Wunder, daß er deswegen sein Amt niederlegen mußte.

Als Collor de Mello sein Kabinett bildete, machte er den Alternativen Nobelpreisträger José Lutzenberger zum Umweltminister. Diese Entscheidung weckte Hoffnung, daß Brasilien endlich mit dem Umweltschutz Ernst machen wollte. Denn Lutzenberger, als Sohn deutscher Einwanderer im südbrasilianischen Porto Alegre geboren, ist über die Grenzen Brasiliens als Ökologie-Experte bekannt und geschätzt. »Das grüne Gewissen« nennen ihn seine Landsleute. Seine ökologischen Projekt-Inseln mitten in der rücksichtslos industrialisierten Landwirtschaft sind Vorbild für viele andere Länder der Dritten Welt. Seinen Satz, daß sich in Lateinamerika nichts ändern wird, es sei denn, die westlichen Industrieländer ändern sich, sollten wir uns hinter die Ohren schreiben.

José Lutzenberger hat Bodenkunde und Agrarchemie in Deutschland studiert. 1957 ging er zur BASF nach Ludwigshafen, als Diplom-Landwirt und Techniker der Agrarchemie. Von 1959 bis 1966 arbeitete er als Konzern-Delegierter in Venezuela und Marokko. 1970 kündigte er, weil er zu dem Schluß gekommen war, »daß die Firma einen falschen Weg« gehe und er »sich prostituiere«. Denn Gifte auf Provision zu verkaufen, das hieß: immer mehr Gift zu verkaufen.

Er kehrte nach Porto Alegre zurück. In den Zeiten der Militärdiktatur begann er seinen Kampf mit Veröffentlichungen über die aggressiven Vermarktungsstrategien multinationaler Chemiekonzerne in der Landwirtschaft. Er riskierte viel, wurde gefoltert, vom Geheimdienst verfolgt. »Aber ich habe diesen gefürchteten Herren erzählt, daß es auch um ihre Kinder geht.«

Er gründete Umweltinitiativen, zeigte Alternativen auf – mit Erfolg. Er beriet ein Zellstoff-Unternehmen, das 40 Millionen Dollar in die Aufbereitung der Abgase und Abwässer investierte. Jetzt wird aus den Abwässern wertvoller Humusboden gewonnen. Aus Abfall sei Kapital gemacht worden. »Ein Muster für die ganze Welt.«

José Lutzenberger entwickelte ein neues Konzept des Pflanzenschutzes. »Heute werden in Brasilien schon 40 Prozent weniger Herbizide verwendet als noch vor zehn Jahren«, stellt er fest. Doch es fehlen noch viele Multiplikatoren. »Mit 20 oder 30 gut ausgebildeten Leuten könnten wir hier eine Agrarrevolution anzetteln.«

Dieser Mann sollte nun die brasilianische Umweltpolitik gestalten, so hofften jedenfalls viele. Doch gegen die Mafia von internationalen, auch deutschen Holzhandelsfirmen, Konzernen und einheimischen Politikern konnte er nichts ausrichten. Er war nichts anderes als ein grünes Feigenblatt einer keineswegs auf einen ökologischen Kurswechsel hinsteuernden Regierung.

Lutzenberger trat im Frühjahr 1992 zurück. Heute arbeitet der »Tüftler des praktischen Umweltschutzes«, wie ihn die Zeitschrift »Natur« genannt hat, wieder erfolgreich mit seinen Firmen »Tecnologia convival« (Technik fürs Zusammenleben) und »Vida« (Leben). Unser Bundesumweltminister sollte ihn als persönlichen Berater einstellen.

Brasiliens Regierung – kräftig unterstützt durch die westlichen Industrienationen – betreibt eine lebensverachtende Politik. Die Natur wird zerstört, die Ureinwohner vernichtet. Die Landbevölkerung hungert. Fast eine Viertelmillion Kinder sterben jedes Jahr, bevor sie fünf Jahre alt geworden sind; darauf hat das Kinderhilfswerk UNICEF hingewiesen. Kinderarbeit ist weitverbreitet. Auf den Plantagen sind bis zu 20 Prozent der Beschäftigten Kinder, die schonungslos ausgebeutet werden. Sie arbeiten unter gesundheitsgefährdenden Bedingungen, häufig illegal, ohne Mindestlohn und Versicherungsschutz. Zudem sind sie gefährlichen Herbiziden und Pestiziden wie Paraquat und Lindan ausgesetzt – Stoffe, die in den Industriestaaten längst verboten sind. Wir profitieren davon: 90 Prozent des importierten Orangensaftkonzentrats bezieht Deutschland aus Brasilien.

Die Armen zieht es in die städtischen Favelas. Aufgrund des grassierenden Elends ist Brasilien auf dem bestem Weg, der asiatischen Sexmetropole Thailand den Rang abzulaufen. 70 Prozent der Prostituierten gehen ihrem Gewerbe nach, um ihre Familien zu unterstützen. Dabei sind 40 Prozent der Mädchen jünger als 20 Jahre. Zwei Drittel haben sich bereits im Alter von zwölf Jahren prostituiert, und dreizehn Prozent begannen sogar schon zwischen acht und elf Jahren.

Derweil brüstet sich Brasilia mit einer blühenden Rüstungsindustrie. Das Atomprogramm wird vorangetrieben. Entwicklungshilfegelder versickern. Das brasilianische Planungsministerium mußte 1994 zugeben, daß bei der Realisierung von Entwicklungshilfeprojekten 85 Prozent der investierten Gelder in Höhe von 22 Milliarden Dollar unproduktiv verwendet worden sind. Viele Vorhaben seien falsch konzipiert, zu teuer kalkuliert (bis zu 20mal höher als vergleichbare Vorhaben in den USA oder Europa) und mangelhaft ausgeführt worden.

Wenn es für Brasilien Hoffnung gibt, dann nur, wenn sich Gewerkschaften und Kirchen durchsetzen und die soziale Apartheid abschaffen. Unsere Entwicklungshilfe-Organisationen sollten aufhören, die Eliten zu unterstützen. Die kirchlichen Hilfswerke tun dies auch nicht, aber die staatlichen Gelder sollten endlich denen zugute kommen, die es bitter nötig haben.

Zufluchtsort für Nazis,
Kontinent der Generäle und Diktatoren

Wenn ich in Argentinien war, war ich meist bei einem jüdischen Emigrantenehepaar zu Gast. Sie waren in meinem Alter und vor den Nazis geflohen. Unter der mörderischen Militärdiktatur wurde ihr Sohn mehrfach gefoltert und zusammengeschlagen. »Wir retteten uns vor dem Nazi-Terror in Deutschland, und jetzt der Terror der Generäle in Argentinien.«

Von dem Ehepaar habe ich viele Informationen über Nazis erhalten, die teilweise mit Hilfe der evangelischen und katholischen Kirche in Deutschland nach dem Krieg, zum Teil mit falschen Pässen, nach Argentinien gekommen sind. 1991 hat der umstrittene argentinische Präsident Carlos Menem die Nazi-Akten freigegeben. Meine jüdischen Freunde meinten, daß die meisten Unterlagen vernichtet seien und nur das Deutschland übergeben worden sei, was bereits bekannt war. In Argentinien wimmelt es auch heute noch von alten Nazis und ihren Kindern und Enkeln.

Die argentinische Regierung von Juan Domingo Peron (1946–1955) hat deutschen Kriegsverbrechern, unter anderen Adolf Eichmann, Unterschlupf gewährt. Auch in Brasilien, Chile, Uruguay, Paraguay und Bolivien fanden deutsche Massenmörder Unterschlupf, unter anderem Mengele, Kultschmann, Roschmann, Schwammberger, Stangl und Barbie, den ich selbst in La Paz (Bolivien) gesprochen habe, wo er unter dem Decknamen Altmann lebte.

Ich bin in Argentinien einem Super-Nazi begegnet, Wilfried von Oven, ehemaliger Sekretär des Nazi-Propagandaministers Goebbels. Oven lebt in einem herrlichen Haus. Ich wollte von ihm wissen, welche Staatsangehörigkeit er hat. Er verweigerte die Antwort. Er darf sein Gedankengut nicht nur in Argentinien und anderen Ländern Lateinamerikas verbreiten, er schreibt auch weiter in ultrarechten deutschen Zeitungen und besucht rechtsextreme Treffen in Deutschland, wie einst Nazi-Oberst Rudel.

Das Hakenkreuz ist in Argentinien erlaubt und wird von der neonazistischen »Nationalen Arbeiterpartei« (PNT) offen verwendet. Auf die israelische Botschaft und das jüdische Kulturzentrum wurden Bombenattentate verübt. Jüdische Forscher verlassen das Land, weil sie Morddrohungen erhalten haben.

In den siebziger Jahren hat das argentinische Terrorregime tausendfach Oppositionelle »verschwinden« lassen: ermordet. Die Junta-Generäle nahmen inhaftierten Müttern ihre Kinder weg; sie wurden zur Adoption freigegeben.

Wir alle kennen aus Fernsehberichten aus Argentinien die Gruppe der Frauen, die jeden Donnerstag auf der Plaza de Mayo in Buenos Aires demonstriert. Zweimal bin ich dort mitgelaufen. Die Mütter tragen auf ihren Kopftüchern die Namen ihrer verschwundenen Kinder. Im Büro der Mütter sind die Wände voll von Bildern ihrer verschwundenen Kinder, alle in Paßfoto-Größe.

Unvergeßlich 1977: Die Tochter des Tübinger Theologen Ernst Käsemann, Elisabeth Käsemann, besuchte als Touristin Argentinien. Sie traf Freundinnen, die sich gegen die faschistische Militärdiktatur im Land wandten. Ihr »Verbrechen« bestand darin, daß sie hier und da den Mund aufmachte, wo sie Unrecht sah. Sie wurde verschleppt, gefoltert, ermordet. Das Bonner Auswärtige Amt tat so gut wie nichts. Man wollte die »guten Beziehungen« zu den Machthabern in Buenos Aires erhalten. Immer dasselbe, die guten Beziehungen zu den schlimmsten Terrorregimen sind wichtiger als Menschenleben, in diesem Fall einer einzelnen Deutschen. – Elisabeth Käsemanns zerstückelte Leiche wurde an die Familie in Deutschland zurückgeschickt.

Die faschistischen Schwerverbrecher Argentiniens: Alle wurden sie öffentlich angeklagt wegen bis zu hundertfachen Mordes. Manche stehen heute unter »Hausarrest«, das heißt, sie leben vollkommen frei in ihren Luxusvillen. Andere wurden freigesprochen oder amnestiert.

Als in Argentinien die Regierung mordete, waren die Kirchen sehr ruhig. Einige Prälaten beteiligten sich sogar an der Folter. Jetzt wetterten die katholischen Würdenträger dagegen, daß die Armee eine Million Kondome gratis an Rekruten verteilen wollte, nachdem bei einer Musterung festgestellt worden war, daß jeder 110. Wehrpflichtige HIV-positiv war. Auch in anderen lateinamerikanischen Ländern hagelte es Proteste seitens der katholischen Kirche, daß bei der Aids-Aufklärung im Fernsehen Kondome gezeigt wurden. Ich frage mich ernsthaft: Kann man so weit gehen und die katholische Kirche als potentielle Aids-Verursacherin bezeichnen?

In Argentinien werden Homosexuelle in Gefängnisse gesteckt und gefoltert. Die kanadische Regierung hat 1992 erstmals einem schwulen Argentinier, der in seiner Heimat im Gefängnis schwer gefoltert worden war, politisches Asyl gewährt. Das ist einmalig.

Menschen können sich hierzulande gar nicht vorstellen, was an Folter vor sich geht. Ich selbst habe, wie beschrieben, persönlich in Kambodscha nur geringe Folter zu spüren bekommen, aber seitdem war ich gezeichnet und habe mich immer wieder für gefolterte Menschen eingesetzt.

Folterer sind perverse Menschen. Sie bedrohen dich mit Elektroschocks. Fünf Minuten später kommen sie mit Kaffee und Kuchen. Dann quälen sie dich weiter. Viele meiner Freundinnen und Freunde sind so zu Tode gekommen. In Uruguay gab es während der Militärdiktatur sogar einen Lehrstuhl, wo – wie es hieß – über Foltermethoden berichtet wurde. Wie jeder weiß, wurde im Foltern unterrichtet.

Es ist erschütternd, was Psychiater in Lateinamerika über die Begegnung mit Gefolterten erzählen.

Die meisten lateinamerikanischen Länder lassen ihre Offiziere an der Militärakademie von Fort Benning (Georgia, USA) ausbilden. Gleichzeitig werden sie vom Geheimdienst CIA geschult. Hier wird natürlich keine Folter gelehrt, sondern »Folterabwehr«. Man führt Folter vor, um sie zu bekämpfen, heißt es. Washington hat Milliarden Dollar Militärhilfe an Diktaturen in Lateinamerika geleistet, aber für Folter, Mord und »Verschwindenlassen« ist man natürlich nicht verantwortlich.

Der »Hinterhof« der USA

Die Liste der Staaten, in denen die Vereinigten Staaten interveniert haben, ist lang: von Guatemala über Chile bis Grenada. Das darf nicht verschwiegen werden. Kritik muß angebracht werden, wo es notwendig ist. Ich bin nicht antiamerikanisch. Meine besten Freunde sind US-Bürger. Ein Teil meiner Familie lebt in den Vereinigten Staaten. Sie sind eines der gastfreundlichsten Länder der Welt, mit dem ich sehr viel Positives verbinde.

In Nicaragua sorgte Washington dafür, daß die Sandinisten die Macht abgeben mußten: mit einer Wirtschaftsblockade und massiver Unterstützung der Contra-Rebellen, in deren Reihen nicht wenige kämpften, die einst Diktator Somoza die Stange gehalten hatten. Der Erfolg: Heute sind 60 Prozent der Nicaraguaner arbeitslos. Die Wirtschaft liegt darnieder.

In Panama marschierten 26 000 US-Soldaten ein, um Präsident Manuel Noriega in ihre Gewalt zu bekommen. Nach internationalem Recht konnte er nicht ausgeliefert werden. Der Diktator wurde festgenommen. Bei der Aktion wurden über 1000 Panamaer getötet, das Land stark verwüstet. Es wurde versprochen, alles wieder aufzubauen. Bis jetzt ist nichts geschehen. – In der Zeit, als George Bush CIA-Direktor war, arbeitete er eng mit Noriega als CIA-Kollege zusammen. Jetzt tanzte er nicht mehr nach Washingtons Pfeife und mußte aus dem Verkehr gezogen werden. Zu welchem Preis?

Gegen Fidel Castros Kuba haben die USA eine jahrzehntelange Blockadepolitik betrieben. Ich habe die von der Batista-Diktatur befreite Insel bereits 1960 mit der Organisation SCM (Student Christian Movement) von Kanada aus besucht. Kuba war zu Batistas Zeiten ein Bordell unter US-Kontrolle. Man flog von Miami für ein Wochenende zum größten amerikanischen Puff der Welt.

Die Wirtschaftsblockade gegen Kuba wird nach der »biblischen« Maxime betrieben: »Liebe deinen Feind, aber lasse ihn erst verhungern.« Ich war selbst oft im sozialistischen Kuba und habe gesehen, wie jedes Kind bis zum siebten Lebensjahr kostenlos ein großes Glas Milch pro Tag erhielt. Das Milchpulver kam meist aus den damaligen Ostblock-Ländern, unter anderem aus der DDR. Heute kommt nichts mehr, für die Kinder gibt es keine Milch mehr. Im deutschen Vereinigungsvertrag steht, daß man auch die DDR-Entwicklungsprojekte nach Prüfung weiterführen wollte. Das Ergebnis: Kinder, das größte Gut auf der Welt, sind dabei nicht berücksichtigt worden, aus politischen Gründen. Ist das christlich-demokratisch? Die Europäische Gemeinschaft sitzt auf mehr als 500 000 Tonnen Milchpulver. Die Lagerung dieser unverkäuflichen Menge kostet mehr als das Verschiffen nach Kuba. Was sind wir doch für ein atheistisches Volk, das bei solchen Meldungen nicht auf die Straße geht.

Sicher, die Menschenrechtsverletzungen auf Kuba sind nicht zu leugnen. Es gibt politische Gefangene. Dennoch hat die Durchschnittsbevölkerung mehr Freiheiten und weniger Hunger als in irgendeinem anderen Land Lateinamerikas. Es gibt dort weder Todesschwadronen noch bettelnde Straßenkinder, obwohl die Bevölkerung arm ist. Es gibt dort keine Elendsviertel, keine Menschen, die auf Müllhalden leben müssen.

Nach einem Krieg, der mehr als 75 000 Menschenleben forderte und bei dem die USA kräftig mitgemischt haben, ist in dem kleinen mittelamerikanischen Land El Salvador ein Friedensvertrag zwischen Befreiungsbewegung und Regierung geschlossen worden.

Es gibt außerhalb der Hauptstadt San Salvador einen Grabstein, der mehr sagt als stundenlange Vorträge über die Diktaturen in Lateinamerika. Es ist der Grabstein des ermordeten 13jährigen Nahama'n Carmona Lopez: »Ich wollte nur ein Kind sein, aber sie ließen es nicht zu«, steht auf ihm zu lesen. Der Junge hatte bei der Verhaftung Widerstand geleistet. Die Polizei schlug ihn tot. Die Ärzte stellten eine verletzte Leber, ein geplatztes Bauchfell, sechs gebrochene Rippen fest. Der achtjährige Hugo René Lopez wurde anschließend erdrosselt, weil er Augenzeuge der Ermordung Nahama'ns war.

Heute ist das Volk mißtrauisch, ob die Waffen tatsächlich schweigen, denn die rechtsextreme Killerorganisation FAS mordet weiter. Zu wach ist auch noch die Erinnerung an all die Grausamkeiten, an die Ermordung von Erzbischof Oscar Arnulfo Romero durch rechtsextreme Todesschwadronen, zu gnädig die Urteile gegen die, die des Mordes überführt wurden. Die beiden Offiziere, die für die Ermordung von sechs Jesuiten-Patern, ihrer Haushälterin und deren 15jähriger Tochter verantwortlich waren, erhielten kleinere Haftstrafen, die sie in Wohlstandszellen absitzen können.

Bei uns ist ein Mann wie Jörg Weis vergessen, der Schweizer Theologe, der von staatlichen Sicherheitskräften El Salvadors am 22. August 1988 ermordet worden ist. Der Obduktionsbericht sagt, daß er von Menschenhand verstümmelt wurde. Weis war im Auftrag des Zürcher Lateinamerika-Sekretariats im Land, um sich um zurückkehrende Flüchtlinge zu kümmern.

Mit Weis ist ein Zeuge Jesu Christi gestorben. Unsere Kirche ist arm geworden an solchen Zeugen, an Menschen, die in der Nachfolge Jesu Christi sich für ihn, unseren

Heiland, kreuzigen lassen. Jesus Christus wäre heute in Lateinamerika ein Verschwundener, ein Flüchtling, ein Gefolterter!

Die Zahl der Armen in Lateinamerika hat die 200-Millionen-Grenze überschritten. Die soziale Explosion ist vorprogrammiert. Es brodelt in Ländern, von denen man bis vor einigen Jahren wenig gehört hat, zum Beispiel Venezuela.

Im mittelamerikanischen Honduras, das ich ebenfalls besuchte, leben 80 Prozent der Bevölkerung in extremer Armut, vielen droht der Hungertod, während 228 Großgrundbesitzer 75 Prozent des Landes kontrollieren.

Schlimmer noch sind die Verhältnisse in Haiti, dem Armenhaus in der Karibik. Jahrzehntelang herrschte dort der Duvalier-Clan und genoß westliche Unterstützung. »Baby Doc«, der Massenmörder, setzte sich nach Frankreich ab, wo er jetzt ungestört seine Millionen verprassen darf. Der freigewählte Präsident, der Befreiungstheologe Aristide, wurde von den Militärs daran gehindert, sein Amt anzutreten, und lebte lange Zeit in den USA im Exil. Und Washington konnte sich nicht entschließen, Menschen, die aus der haitianischen Hölle entrinnen wollten, als Flüchtlinge aufzunehmen. Wie viele mußten sterben, bevor endlich eingegriffen wurde?

Auch wir brauchen eine Theologie der Befreiung

Es gibt noch viel zu berichten aus Lateinamerika, von Kinderhändlern, die Adoptionswilligen in den USA und Europa – möglichst weiße – Kinder verkaufen, von anderen skrupellosen Geschäftemachern, die mit Organen handeln, von den Straßenkindern in Kolumbien oder Guatemala, denen es nicht besser geht als ihren Altersgenossen in Brasilien, von den Bananenarbeitern in Honduras, die an den Folgen des massiven Pestizideinsatzes in den Plantagen sterben – wie Tausende Landarbeiter in der Dritten Welt –, von den Blumenpflückerinnen in Kolumbien, die ganze sechs Mark am Tag verdienen – dort werden 60 Kilogramm Pestizide pro Hektar und Jahr eingesetzt, um uns Farbenpracht zu bescheren und vielen Arbeiterinnen Krankheit –, vom Kampf gegen die Drogenmafia, unter dem die Koka-Bauern leiden, kaum aber die Mafia . . . Der Probleme gibt es zu viele, um sie hier alle zu nennen.

Lateinamerikas Zukunft sieht düster aus. Der Kontinent kann sich nur befreien, wenn das geschundene Volk wieder Hoffnung findet, sich organisiert, die Kraft findet, seine Interessen gegen mächtige Cliquen und Clans, ausländische Interessen und Interventionen durchzusetzen. Die Theologie der Befreiung kann dazu einen entscheidenden Beitrag leisten.

Auch wir in Europa und Nordamerika müssen von der Theologie der Befreiung lernen, Glaube und Leben wieder zusammenzubringen. Als Berufschrist sage ich: Wir sollten uns um Jesu Christi willen zuerst von Theologen befreien, die unsere Kirchen leergepredigt haben, die vom Bundesverteidigungsministerium bezahlt werden und unsere Soldaten segnen, die nicht auf Urlaubs- und Weihnachtsgeld zugunsten der Armen verzichten wollen, die großzügige Dienstvillen benötigen, die nicht mehr belastbar sind, viel Urlaub brauchen, die alle Privilegien eines Beamten genießen wollen . . . Herr, vergib uns, denn wir wissen, was wir tun!

Ist unser Planet noch zu retten?

Mein ganzes Leben lang habe ich mich vom Worte Gottes zu dem Bemühen antreiben lassen, mitzuhelfen, Schlimmeres in dieser Welt zu verhindern. Ich habe es mir dabei nicht immer leicht gemacht, aber auch nicht denen, zu denen ich sprach oder die ich unterrichten durfte.

1952 konnte ich erstmals Hiroshima besuchen. Sieben weitere Aufenthalte folgten, bei denen ich mich eingehend mit den Folgen des Atombombenabwurfs beschäftigt habe. Ich wohnte natürlich wie immer und überall privat. Ich war erschüttert, wie die Touristen durch die Stadt und an der Nase herumgeführt wurden. Natürlich wurde der Atombombenangriff erwähnt, man ging an die einzelnen Plätze, wo dies oder jenes passiert war. Man ging nicht in die Krankenhäuser, wo die »menschlichen Versuchskaninchen« lagen, mit Fehlbildungen zur Welt Gekommene, Krebskranke, Sterbende ... Mit den menschlichen Opfern will keiner konfrontiert werden.

Als ich japanische Schulen besuchte, wurden Erdbebenübungen, manche nannten sie auch Atombombenübungen, durchgeführt. Den Kindern machte es Spaß, sich unter ihre Tische zu verkriechen.

Was hat Japan aus Hiroshima gelernt? Dort sind große Atomkraftwerke gebaut worden, leider auch dort, wo die Gefahr durch Erdbeben am größten ist.

Als ich 1953 durch Australien reiste, starteten die Briten dort ihre überirdischen Atomtests in der Wüste, gegen die nur eine kleine Schar von Demonstranten protestierte. Ich schloß mich ihnen an. Bis 1963 dauerten diese Versuche an, die ein 300 Quadratkilometer großes Gelände radioaktiv verseuchten und unter denen am meisten die Ureinwohner, die Aborigines, litten. Ihnen wird bis heute eine Wiedergutmachung verweigert. Man hat einen Zaun um das Testgebiet errichtet, denn es darf bis zum Jahr 2400 nicht wieder betreten werden. Die verseuchte Erde abzutragen, würde Milliarden kosten – zuviel, entschied man.

Im März 1979 passierte der größte bis dahin bekannt gewordene Unfall eines Kernkraftwerkes, und zwar in Three Mile Island in der Nähe von Harrisburg (Pennsylvania/USA). Neunmal habe ich das Werk besucht oder mit Leuten in der Gegend gesprochen. Den Betroffenen ist vieles verschwiegen worden.

In Tschernobyl

Zuerst 1986 auf Einladung der russisch-orthodoxen Kirche, zuletzt 1992 war ich in Tschernobyl. Mein Begleiter konnte Englisch; er war Arzt, hatte in den USA Medizin studiert. Mit ihm konnte ich unkontrolliert ins Sperrgebiet gelangen. Im Umkreis von Hunderten von Kilometern ist alles verseucht, am schlimmsten in der 30-Kilometer-Zone. Die hervorragend gebaute Arbeitersiedlung in Pripjat ist verlassen, die Dörfer sind tot und leer. Das Sterben geht hier weiter – ganz leise, ohne Staatsbegräbnis. Und die unbeschädigten Reaktorblöcke sind wieder in Betrieb genommen worden, obwohl, wie mir ein Mann aus dem Kernkraftwerk sagte, nach dem Unfall vom 26. April 1986 noch lange nicht alles in Ordnung sei.

Ich bin in einem Dorf gewesen, wo umgesiedelte Menschen aus Tschernobyl, meist Bauern, wohnen. Sie wollten alle zurück, vor allem die älteren Menschen, denn sie verstehen nicht, was Radioaktivität ist. Manche sind mittlerweile in die verseuchte Zone um das Atomkraftwerk zurückgezogen, wo das Gemüse immer noch gesundheitsgefährdend radioaktiv belastet ist. Man hat diese Menschen nicht ausreichend aufgeklärt. Der Dolmetscher erzählte mir, da sie keine Schmerzen hätten, könnten sie nicht verstehen, warum Strahlen gefährlich seien.

Mir wurde berichtet, daß Hunderttausende von Helfern in der Gegend von Tschernobyl schwer gesundheitlich geschädigt worden sind. Soldaten der Roten Armee, die Fahnenflucht begangen hatten, sind unter anderem abgeordnet worden, in der Atomruine in Tschernobyl zu arbeiten. Wie viele Menschen sind verbrecherisch geopfert worden, um die Folgen des Super-GAU zu begrenzen! Wie viele müssen noch an Krebs sterben, um den Reaktor weiter zu betreiben?

Es gibt in der GUS noch 15 Reaktoren, die genauso veraltet sind wie der in Tschernobyl. Sie sind nicht nur eine Gefahr für die dort lebenden Menschen, für Europa, nein, für die ganze Welt. Doch die Politiker in Ost und West, vor allem die internationale Atomlobby, haben alles vertuscht und heruntergespielt.

Ich vergesse nie die Tschernobyl-Opfer in den Strahlenkliniken in Kiew, vor allem die Kinder. Die meisten von ihnen haben eine Lebenserwartung von unter 30 Jahren. Ich habe mißgebildete Kinder gesehen, die nicht im Krankenhaus waren, und die Ärzte rätselten, ob dieses alles vererbbar ist.

Durch meine Tschernobyl-Kontakte erfuhr ich, daß man in Rußland überall auf der Suche nach Atommüll ist. Es gibt keine Unterlagen darüber, nichts. Erschreckend die Berichte über die unsachgemäße Lagerung von Atomsprengköpfen in der GUS, über die Versenkung von Atom-U-Booten im Meer, über den Handel mit Plutonium auf dem Schwarzmarkt. Die zerfallene Sowjetunion hat ein Atomchaos hinterlassen.

Langsam wird bekannt, wie verbrecherisch gehandelt worden ist: Die Rote Armee hat Testsoldaten eingesetzt, ohne ihnen genau zu erklären, was auf sie zukommt. Von den rund 45 000 Rot-Armisten, die 1954 einem Atomversuch in Sibirien ausgesetzt wurden, leben heute höchstens noch 38. Die Soldaten mußten 25 Jahre schweigen, während sie selbst langsam dahinsiechten. Die Überlebenden sagen heute, daß sie keinerlei Schutzkleidung trugen. Ihre Strahlenbelastung wurde nicht untersucht; sie mußten nur duschen, angeblich, um die Radioaktivität wieder abzuwaschen.

Am 29. September 1957 sahen die Bewohner des Dorfes Kischtym in der Nähe des Atomforschungszentrums Tscheljabinsk-65 im südlichen Ural, daß alles hell aufblitzte. Ihre Häuser wackelten, der Wald brannte. Erst als Gorbatschow an die Macht kam, erfuhren sie, daß sie starker Strahlung ausgesetzt worden waren.

In den vergangenen 35 Jahren haben sowjetische Militärs 600 Atomtests in Semipalatinsk (Kasachstan) durchgeführt und die Bevölkerung nicht vor radioaktiver Strahlung gewarnt. Jetzt hat eine vom Geheimdienst KGB 1961 eingerichtete Klinik ihre Archive geöffnet. Zahlreiche mißgebildetete Kinder sind dort zur Welt gekommen.

Mir wurden in Tschernobyl Unterlagen gezeigt über die unterirdischen Explosionen dreier Atomsprengsätze im Bezirk Perm am Ural im Jahr 1976. Ein nahegelegener See dort ist völlig radioaktiv verstrahlt. Die Bewohner nennen ihn »Atomsee«.

Tödliche Menschenversuche in den USA

Daß es auch nukleare Verseuchung in den USA gibt, ist keine Frage. Auch hier hat man überirdische Atomtests durchgeführt, Menschen sind bewußt der tödlichen Strahlung ausgesetzt worden.

Ich selbst war vor einigen Jahren in der Nähe von Hanford im US-Bundesstaat Washington. Hier ist seit den vierziger Jahren Plutonium für Atomwaffen hergestellt worden. Die Bevölkerung ist äußerst beunruhigt. Sie wird künstlich ruhig gehalten, da dort schlimmere Umweltschäden als befürchtet aufgetreten sind.

Während einer Vortragsreise in den Vereinigten Staaten konnte ich 1993 wichtige Unterlagen einsehen: Von 1944 bis in die sechziger Jahre, von Eisenhower bis Kennedy, wurden in den USA Menschen ohne ihr Wissen bewußt radioaktiver Strahlung ausgesetzt, vor allem Häftlinge, Waisenkinder, Soldaten und Patienten psychiatrischer Kliniken.

1953 wurde die Stadt Minneapolis im Bundesstaat Minnesota für den Abwurf bio-chemischer Bakterien ausgewählt, weil es dort ähnlich kalt ist wie in Moskau. Danach wurden jahrelang alle Kinder der Minneapolis Clinton School medizinisch kontrolliert. Gegenüber ihren Eltern hieß es, es handele sich um Routineuntersuchungen. In Wahrheit sollten die Auswirkungen der B-Waffe analysiert werden: Viele Kinder wurden krebskrank oder geistig behindert.

Ähnliche Versuche wurden an ahnungslosen Soldaten unternommen. An den Menschenexperimenten waren teilweise alte Nazi-Wirtschaftsgrößen beteiligt, die vom Nürnberger Kriegsverbrechertribunal verurteilt und später von den USA begnadigt worden waren. Einer, der so nach Amerika kam, war für die Firma tätig gewesen, die das Gas Zyklon B für die Vernichtung der Juden in den deutschen Konzentrationslagern produziert hatte.

Während des Vietnam-Krieges wurde im US-Bundesstaat Utah Giftgas in der freien Natur getestet. Sehr viele Tiere starben, etliche Kinder erlitten bleibende gesundheitliche Schäden.

Daß derartige Experimente in den Vereinigten Staaten stattfanden, soll kein Trost sein für unsere Nazi-Schweinereien, aber vielleicht sind sie ein Beweis dafür, daß es keinen Kapitalismus ohne Faschismus, keinen Faschismus ohne Kapitalismus gibt.

**Immer wieder den Mund aufmachen,
Widerstand leisten**

Ich habe oft über meine Eindrücke in Hiroshima und Tschernobyl berichtet. Man hört nicht zu. Man nimmt es nicht zur Kenntnis. Man nimmt es nicht ernst. Wir leben in einer narkotisierten Gesellschaft.

Noch zu Zeiten der DDR habe ich zweimal in Greifswald (Vorpommern) in einer evangelischen Kirchengemeinde gesprochen. Ich wagte, mitzuteilen, was ich auf internationalen Klimakonferenzen in England und Kanada über das nahegelegene Atomkraftwerk in Lubmin gehört hatte: daß es höchst unsicher sei. Ich wurde nicht nur vom Pfarrer, sondern auch von den Gemeindemitgliedern angegriffen, weil sie Angst um die Arbeitsplätze in der Region hatten. Es fiel mir unwahrscheinlich schwer, ihnen – wie auch Westdeutschen – klarzumachen, daß die Frage lauten muß, entweder arbeitslos zu sein oder eventuell eine Umschulung zu machen und neu angestellt zu werden oder für den Rest des Lebens radioaktiv verseucht zu werden und langfristig Spätfolgen für Kinder und Enkelkinder in Kauf zu nehmen.

Nach der Vereinigung 1990 wurde das Atomkraftwerk bei Greifswald stillgelegt. Nun will die GNS (Gesellschaft für Nuklear-Service) in Lubmin ein Zwischenlager für Atommüll aus ganz Deutschland einrichten.

Zwischen Königstein und Gera in Sachsen und Thüringen ist eine ganze Region durch die Uran-Abraumhalde der Wismut-AG radioaktiv verseucht worden. Man nennt die einstige »Waffenschmiede des Sozialismus« auch »Uranbyl«, eine der größten Umweltkatastrophen westlich von Tschernobyl. Ob eine Sanierung überhaupt möglich ist, ist fraglich.

Das Schlimme am Uranabbau ist, daß man jahrelang dort arbeiten und herumlaufen kann, ohne zusammenzubrechen. Erst nach Jahrzehnten treten verstärkt Krebsfälle auf. In verbrecherischer Weise haben die Ärzte der Firma nicht bekanntgegeben, wie viele Menschen an Krebs erkrankt sind. Wahrscheinlich sind bis zu 10 000 Menschen radioaktiv verseucht, ohne daß sie es bis heute vielleicht wissen. Viele Betroffene, vor allem mit Lungen- oder Bronchialkrebs, sind nicht als »Berufskranke« anerkannt worden. Die DDR konnte sich das vor der Welt einfach nicht leisten. Bei meinen Besuchen in Wismut erfuhr ich, daß rund

eine halbe Million Menschen in der Gegend der radioaktiven Strahlung ausgesetzt waren.

Spätestens Tschernobyl hat uns gelehrt, daß auch Atomkraftwerke Atombomben sind. Es gibt für mich kaum einen
Unterschied zwischen der militärischen und der sogenannten friedlichen Nutzung der Atomenergie. Schon jetzt
haben wir 25 000 Tonnen hochgiftigen, radioaktiven Atommüll produziert, den wir nicht aus der Welt schaffen können, sondern unseren Kindern und Enkeln hinterlassen,
der auch noch in Jahrhunderten eine hochbrisante Gefahr
darstellen wird. Wir hantieren fahrlässig mit Stoffen, die
wir nicht kontrollieren können. Wir sind in der Lage, alle
nur erdenklichen Massenvernichtungswaffen, ob nun ato-
marer, bakteriologischer oder chemischer Art, in solchen
Mengen herzustellen, daß wir die ganze Menschheit aus-
rotten können.

Wir: Das ist – genau genommen – ein Fünftel der
Menschheit, die Industrienationen Europas, Nordameri-
kas, Japans und Australiens. Dieses Fünftel plündert den
Planeten Erde aus, treibt Raubbau an den Ressourcen,
führt einen regelrechten Krieg gegen die Umwelt. Die
reichsten 20 Prozent auf dieser Welt leben von 83 Prozent
des Welteinkommens, die ärmsten 20 Prozent im Süden
dagegen gerade von 1,5 Prozent. Der reiche Norden ist für
90 Prozent der schädlichen Treibhausgase verantwortlich.
Er betreibt eine zerstörerische Landwirtschaft mit immer
mehr Pestiziden, Herbiziden, Fungiziden und produziert
Überschüsse, die in Lagerhäusern vergammeln oder ans
Vieh verfüttert werden. Wir fressen immer mehr Steaks
und Hamburger. Um Weideflächen zu schaffen, wird immer mehr Regenwald abgeholzt. Mittlerweile bevölkern
1,32 Milliarden Rinder die Erde. Sie grasen auf fast 25
Prozent der gesamten Landmasse des Planeten, und die
Getreidemenge, die sie zusätzlich verschlingen, würde reichen, um einige hundert Millionen Menschen zu ernähren.
Zusammengenommen übersteigt ihr Gewicht das der gesamten Erdbevölkerung. Der ständig wachsende Rinderbe-

stand hat verheerende Folgen für die Ökosysteme der Erde. Die Viehzucht ist zum Beispiel mitverantwortlich für die Ausbreitung der Wüsten in Afrika und Asien. Was palavern wir über die Bevölkerungsexplosion, sprechen wir statt dessen über diesen Rinderwahnsinn!

Überfischung der Meere, Trinkwasserknappheit, Schadstoffbelastungen, Müllnotstand, Lärm, Verkehrskollaps, Smog, Ozon, Treibhauseffekt, Chemieunfälle, Dürre, Überschwemmungen... Solche Auflistungen klingen destruktiv und negativ, aber es ist so. Wir führen einen brutalen Krieg gegen unsere Erde. Das werden unsere Kinder und Enkel zu spüren bekommen!

»Wenn alle Menschen auf der Welt so leben und wirtschaften würden wie die Bewohner der Industriestaaten, würde unser Globus in einem ökologischen Kollaps untergehen. Soll dieser Zusammenbruch der Lebenssysteme der Erde verhindert werden, müssen die Industriestaaten ein Beispiel geben und nicht nur ihre Lebens- und Wirtschaftsweise, sondern auch das dem zugrundeliegende Wertesystem grundlegend verändern«, heißt es in einer Erklärung des deutschen Nationalen Komitees zur Vorbereitung des UN-Umweltgipfels 1992 in Rio de Janeiro.

Wir reden und labern und schwafeln und predigen in unseren Kirchen, Parlamenten, Schulen und Universitäten. Doch es geschieht zu wenig, um unseren Planeten zu retten. Wir müssen schnell handeln, soll unser ökologisches System nicht völlig zusammenbrechen. Wir müssen mit all dem unwichtigen theologischen Gequatsche aufhören, daß ein Priester vom Pfarramt ausgeschlossen wird, wenn er heiratet, daß ein geschiedener Christ in der katholischen Kirche sich nicht wieder verheiraten darf, daß bei Scheidung eines Pfarrers in der evangelischen Kirche oftmals eine Versetzung an einen anderen Ort oder in den Wartestand erfolgt – was sind das alles für »Verbrechen« gegen Gott im Vergleich zu denen, die wir an der Natur und damit an der Zukunft unserer Kinder und Kindeskinder begehen.

Sagen wir allen den Kampf an, die für jeden überflüssigen Luxus Geld verprassen und menschlich verwahrlosen, den »Lifestyle«-Predigern und Wohlstandspropheten des todbringenden Immer-mehr-immer-größer-immer-Schneller, den Aposteln des »Grünen Punktes«, die nicht dafür sorgen, daß die Müllberge kleiner werden, den verblendeten Wirtschaftsführern, die aus ihren klimatisierten Büros ihre »Message« verkünden, wie der Esso-Vorstandsvorsitzende Kohlmorgen im Juni 1992: »Ich zähle mich ausdrücklich zu denen, die die Wohlstandsgesellschaft nicht in Frage stellen.« Wer solchen Schwachsinn verbreitet, sollte wenigstens so ehrlich sein und gleichzeitig warnen: »Eltern, holt eure Kinder ins Haus, draußen wollen die Autos spielen.«

Als Hitler die ganze Welt mit einem Krieg überzog, starben 55 Millionen Menschen. Aber ihm wurde Widerstand entgegengesetzt, er wurde besiegt, Deutschland vom Faschismus befreit. Die heutige Umweltkatastrophe ist schlimmer als Hitler. Die Zivilisation steht auf dem Spiel. Deshalb keine Stimme den Politikern, Predigern, Propheten und Führern, die nicht zur Umkehr bereit sind, keinen Sitz für sie in kirchlichen Gremien! Immer wieder den Mund aufmachen, Widerstand leisten, zum Boykott gegen Umweltgegner aufrufen! Alle Unterstützung den Initiativen und Organisationen wie dem Bund für Umwelt und Naturschutz, WWF oder Greenpeace – sage mir einer, daß ihre Arbeit nicht der Wille Gottes ist.

Ausländer willkommen!

Mehr als 100 Millionen Menschen – das sind zwei Prozent der Weltbevölkerung – sind nach dem Angaben des Bevölkerungsfonds der Vereinten Nationen auf Wanderschaft oder Flucht. Die Ursachen: das Wirtschaftsgefälle zwischen reichen und armen Ländern, Kriege, Dürre und Naturkatastrophen. Der Fonds nennt 17 Millionen politische und Kriegsflüchtlinge, 23 Millionen Flüchtlinge »im eigenen Land« sowie 60 Millionen Menschen, die aus wirtschaftlichen Gründen ihre Heimat verlassen mußten.

Der weitaus größte Teil der Fluchtbewegungen – rund 80 Prozent – vollzieht sich zwischen den ärmsten Ländern der Welt. Die europäischen Staaten nehmen nicht einmal zehn Prozent der Flüchtlinge auf, Staaten in Afrika und Asien mehr als das reiche Deutschland. Westeuropa und Nordamerika geben mittlerweile mehr Geld für die Abweisung von Flüchtlingen an ihren Grenzen aus als für die Unterstützung des Flüchtlingshilfswerkes der Vereinten Nationen.

Als Tausende von Albanern mit Schiffen nach Italien kamen, haben die Behörden sie per Flugzeug wieder zurückbefördert. Die USA meinten sich gegen Flüchtlinge von der Terrorinsel Haiti wehren zu müssen. Ihre Grenze zu Mexiko haben sie mit einem hohen Zaun abgeschottet.

Statt nach den Ursachen des Flüchtlingselends zu forschen, wird hierzulande im Zeichen rechtsextremer Ausländerhetze das Recht auf Asyl weiter eingeschränkt.

Die Arbeitsgemeinschaft PRO ASYL hat erklärt: »Eine ehrliche und offene Information der Bevölkerung über die Gründe, warum Flüchtlinge kommen, ist notwendig. Wer vorgibt, mit Gesetzesänderungen Flüchtlinge fernhalten zu können, täuscht die Bevölkerung. Entweder wir mauern uns ein, oder wir sind bereit, den Reichtum in unserem Land gerechter zu teilen.«

Menschen aus der Dritten Welt werden zu uns kommen, solange sie in ihrer Heimat in diesem Elend und in dieser Not leben müssen – wofür wir verantwortlich sind, weil wir sie ausgeplündert und ausgebeutet haben, mit unseren Waffen, mit unserer Polizeihilfe, mit unserer Unterstützung diktatorischer Regime und korrupter Machthaber, mit unserer Politik, die nur eigene Interessen verfolgt, nicht die Menschenrechte anderer. Krieg, Unterdrückung, Armut und Umweltzerstörung sind die Väter der Flucht.

Wir wollen nur denen in Deutschland Asyl gewähren, die persönlich politisch verfolgt werden. Andere Fluchtgründe lassen wir nicht gelten. Und – ganz wichtig – als asylberechtigt wird nur anerkannt, wer nicht über einen sogenannten sicheren Drittstaat einreist. Wer nicht einen Direktflug nach Frankfurt erwischt, das Geld für ein Ticket aufbringen und eine Einreisegenehmigung vorweisen kann, wird sofort wieder abgewiesen. Das heißt: Deutschland gewährt nur unter bestimmten Bedingungen politisch Verfolgten Asyl, die ein armer Flüchtling in der Regel nie erfüllen kann. Verfolgte aus Guatemala oder Ruanda haben keinerlei Chance, bei uns aufgenommen zu werden.

Wir Deutschen sind nur deshalb flüchtlings- und ausländerfeindlich, weil wir unseren Wohlstand verteidigen wollen, seit Sommer 1994 auch durch weltweite Kampfeinsätze der Bundeswehr. Nur um dies zu beschließen, mußten alle Bundestagsabgeordneten aus den ohnehin viel zu langen »Parlamentsferien« vom Wolfgangsee, von Ibiza, Mallorca, der Karibik, Australien, wo immer sie sich gerade aufhielten, auf Kosten der Steuerzahlerinnen und Steuerzahler nach Bonn zu einer Sondersitzung zurückgeholt werden. (Wenn Hunderttausende in Ruanda sterben, ist das kein Grund, den Urlaub zu unterbrechen.)

Skins im Nadelstreifenanzug

Die bei uns oft schon seit Jahrzehnten lebenden AusländerInnen – viele sind hier geboren, haben aber keinen deutschen Paß – zahlen Zigmilliarden an Steuern und Abgaben. Unser Sozialversicherungssystem wäre ohne ihre Beiträge längst zusammengebrochen. Aber Flüchtlinge sind für uns nicht Verfolgte, sondern – noch freundlich gesprochen – Kostenfaktoren.

Manch ein Politiker zeigt offen, welch Geistes Kind er ist: »Was wir nicht brauchen können, sind die Wirtschaftsschmarotzer aus der ganzen Welt«, tönte der ehemalige bayerische Ministerpräsident Max Streibl. »Ein paar Ideologen tragen ihre Humanitätsduselei auf dem Rücken der einheimischen Bevölkerung aus.« Wer so christlich-sozial redet, ist mitverantwortlich dafür, daß gebrandschatzt wird. Der ist ein Skin im Nadelstreifenanzug.

Erschütternd, wenn der damalige CDU-Innenminister von Mecklenburg-Vorpommern, die alte »Blockflöte« Kupfer (seit 1971 Mitglied der DDR-CDU, viele Jahre im Rat des Kreises Ribnitz-Damgarten), im Fernsehen »Verständnis« für die Zuschauer hat, die 1992 beim Pogrom gegen die Ausländer in Rostock-Lichtenhagen applaudierten. Man spricht wieder vom »gesunden Volksempfinden«; das habe ich schon mal gehört.

Skandalös der Urteilsspruch der Mannheimer Richter Wolfgang Müller und Walter Orlet, die den Auschwitz-Leugner und NPD-Bundesvorsitzenden Günter Deckert als eine »verantwortungsbewußte Persönlichkeit« bezeichneten. Sie dürfen weiter richten – Müller im Oktober 1994 ein Verfahren gegen einen des Totschlags angeklagten iranischen Asylsuchenden eröffnen.

»Falscher Asylant erschlug neun Frauen – Motiv: Sex«, lautete die Überschrift der »Bild-Zeitung« am 13. Mai 1992. Wer so schreibt, leistet Schönhuber und Konsorten Vorschub.

Alte Nazis

Ich bin fast der gleiche Jahrgang wie Schönhuber, der sich stolz dazu bekennt, dabei gewesen zu sein: bei der SS. Andere, die Hitler treu bis zum Ende gedient hatten, wollten sich nach 1945 an vieles nicht mehr erinnern, so auch unser gefeierter Heinz Rühmann, sicher ein hervorragender Schauspieler, aber er trennte sich Göring zuliebe von seiner jüdischen Frau Maria Bernheim, erwarb 1938 zu einem Spottpreis von dem jüdischen Kaufmann Jahndorf ein nettes Seegrundstück in Potsdam – auch so ein Stück nicht aufgearbeiteter Geschichte.

Als Juden vergast wurden, sang Heinz Rühmann »Bomben auf Engelland«. Und als britische Bomber deutsche Städte bombardierten, tönte er aus dem Volksempfänger: »Das kann doch einen Seemann nicht erschüttern«. Johannes Heesters trat vor KZ-Wächtern auf. Als in der Schlacht um Stalingrad schon 100 000 Deutsche und Russen gefallen waren, pfiff Ilse Werner fröhlich dahin. Wir pfeifen noch heute mit, erfreuen uns an Nazi-Durchhaltefilmen wie »Die Feuerzangenbowle« (1944), amüsieren uns köstlich zu Tode mit völlig »unpolitischen« Leuten wie Luis Trenker, Leni Riefenstahl, Veit Harlan, Kristina Söderbaum und Gustav Fröhlich, der sich übrigens wie Rühmann von seiner jüdischen Frau, der großen Schauspielerin Gitta Alpa, scheiden ließ.

Das haben wir natürlich alles nicht gewußt, das haben die Omas und Opas ihren heute Molotowcocktails werfenden Enkelkindern nicht erzählt. Und sowieso, tanzte die Marika Rökk nicht schön! Was die mit dem jüdischen Produzenten Alfred Zeisler zu tun hat, der 1935 Hals über Kopf seine Babelsberger Villa verlassen mußte? Kaum war er raus, zog die Rökk mit ihrem Lebensgefährten, dem Regisseur Georg Jacoby, in das Haus. Zeisler behauptete nach dem Krieg, daß man ihm das Haus »gestohlen« hat. Marika Rökk hielt dem entgegen, sie hätte es bezahlt. Nach der

»Wende« 1989 hat sie ihre Besitzansprüche wieder geltend gemacht.

Wer wissen will, welche Rolle Heinz Rühmann, Willy Fritsch, Hans Moser, Theo Lingen, Marika Rökk, Zarah Leander, Grethe Weiser und viele andere Publikumslieblinge während der NS-Zeit gespielt haben, dem empfehle ich das Buch »Tanz den Adolf Hitler!« von Georg Seeßlen.

Ich könnte viele nennen, Künstler, Wissenschaftler, Juristen, Unternehmer, die dem »Führer« gedient haben. Nach 1945 hatte so gut wie keiner von ihnen etwas zu befürchten – kein Knick in der Karriereleiter. Wer von ihnen hatte es nötig, sich zu rechtfertigen? Wer gestand gar Schuld ein?

Verharmlosung des Rechtsextremismus

Mit der Verdrängung der Nazi-Zeit ist eine jahrzehntelange Verharmlosung des Rechtsextremismus einhergegangen. In Zeiten des Kalten Krieges wurde die »Gefahr des Kommunismus« beschworen.

Keiner will es heute mehr glauben: 1965 verbrannte eine evangelische Jugendgruppe in Düsseldorf öffentlich Bücher von Albert Camus, Günter Grass, Erich Kästner, Françoise Sagan und Vladimir Nabukov. Ich erfuhr davon in Kanada, soweit schlugen zu Recht die Wellen. Die zuständige Bundesvertretung des Westbundes des CVJM in Wuppertal hatte nichts Besseres zu erklären als: »Zur Überraschung der Jugendlichen wurde durch die Presse ihr Handeln im Zusammenhang mit Bücherverbrennungen im ›Dritten Reich‹ gebracht. Da die Vertreter dieser Nachkriegsgeneration die politischen Bücherverbrennungen des Jahres 1933 nicht kannten, weisen sie diese Unterstellungen durch die Presse zurück.« Und das schon 20 Jahre nach Kriegsende! Die »Gnade der späten Geburt« ist keine Erfindung von Helmut Kohl.

Manch ein Unionspolitiker kannte keine Berührungsängste gegenüber Rechtsextremen im In- und Ausland, so auch der CSU-Vorsitzende Franz Josef Strauß. Über sein

Verhältnis zu ausländischen Faschisten schrieb der »Spiegel« am 25. Februar 1980: Er lasse »alle politischen Hemmungen fallen ... und demokratische Tugenden auch, wenn es gegen die Sowjets insbesonders und die Kommunisten allgemein geht ... Die Kontakte dessen, der in diesem Lande Kanzler werden will, würden im Normalfall das Bundesamt für Verfassungsschutz interessieren, Abteilung Rechtsextremismus«. Reaktion aus Bayern: »Es hat keinen Sinn, zur Zeit auf den Rechtsextremismus einzuhauen, weil es keinen gibt...« Strauß-Kritiker mußten sich als »verläßliche Anwälte sowjetischer Westpolitik«, als »Ratten« oder »Schmeißfliegen« titulieren lassen.

Vor 20 Jahren brachten Alwin Meyer und Karl-Klaus Rabe die Dokumentation »Einschlägige Beziehungen von Unionspolitikern« heraus. »Wer behauptet, es gebe keine Berührungspunkte zwischen Unionspolitikern und Rechtsextremen«, schrieben sie seinerzeit, »der lügt.« Sie nannten in diesem Zusammenhang über 50 führende CDU/CSU-Politiker. Keiner klagte gegen das Buch. Auch der Hamburger CDU-Politiker Erik Blumenfeld bestätigte mir weitgehend die Aussagen der Dokumentation, soweit sie ihm bekannt waren. Blumenfeld, ein Jude, war Freund meines Vaters und Lehrherr meines Bruders.

Wenn heute Rechtsextreme Wahlerfolge feiern, wird verharmlosend von »Protestwahlen« geredet. Wie viele Untersuchungen sollen eigentlich noch präsentiert werden, die eindeutig belegen, daß ein beträchtlicher Teil der Bevölkerung hinter den Parolen der Schönhubers, Deckerts und Freys steht? Nationalistisches, antidemokratisches Gedankengut ist weitverbreitet.

Ich habe keine Angst vor den rechtsextremen Parteien, sondern vor dem Versagen der etablierten Parteien, in deren Reihen gewisse Politiker hetzerische Parolen verbreiten, um sich den Wählern als starke Männer, die durchgreifen, zu präsentieren. Wir dürfen nicht übersehen, daß viel von dem Gedankengut der »Republikaner« auch in den christlichen Parteien vorhanden ist. Da wird vom »Asylmißbrauch« gefaselt, von der »Erschleichung von Sozialleistungen«, von der angeblich hohen Ausländerkriminalität ... Wen wundert's, wenn auf einmal ein Taxifahrer nach dem anderen sich weigert, einen Deutschen zu befördern, nur weil er ein wenig südländisch aussieht. Oder wenn – umgekehrt – Taxizentralen ihren Kunden anbieten, keinen Ausländer als Fahrer zu schicken.

Die Schändung jüdischer Friedhöfe geht weiter. Der rechtsextreme Terrorist Manfred Roeder durfte an der Führungsakademie der Bundeswehr in Hamburg einen Vortrag halten. Neonazis marschierten am 30. Januar 2000 durch das Brandenburger Tor, um gegen das geplante Holocaust-Mahnmal zu demonstrieren. Ein Bild, das um die Welt ging. Namen wie Hoyerswerda, Hünxe, Rostock, Mölln, Solingen, Fulda, Berlin, Ravensbrück ... sind Synonyme für den sich ausbreitenden Rassismus in Deutschland geworden. Der damalige Generalbundesanwalt Alexander von Stahl (FDP) sah in den Anschlägen auf Ausländer keinen Terrorismus. Fängt der Terror erst an, wenn dabei Deutsche zu Schaden kommen?

Immer wieder erinnern sollten wir uns an den Theologen und Widerstandskämpfer Dietrich Bonhoeffer, der angesichts der Judenverfolgung in unserem »Dritten Reich« sagte: »Nur wer für die Juden schreit, darf auch gregorianisch singen.« Wir dürfen heute, im 21. Jahrhundert, nicht nur der Opfer gedenken – seien es nun Afrikaner, die auf unseren Straßen brutal umgebracht werden, oder die Verhungernden der Welt –, wir müssen aufschreien! Wir müssen im Namen Jesu Christi demonstrieren!

Maria, Josef und das Jesus-Kind waren Asylbewerber

Mit ein paar Besuchen von Politikern in Flüchtlingsheimen ist es nicht getan. Flüchtlinge müssen vor rechten Gewalttätern wirksam geschützt werden. Es gibt für so viele unwichtige Minister, auf die keiner ein Ei werfen würde, Personenschutz. Die Polizei sollte sich lieber denen widmen, denen

Gefahr für Leib und Leben droht. Doch dieser Aufgabe kommt sie häufig nicht nach.

Wir Berufschristen sollten deshalb eine Lobby für Flüchtlinge sein und uns bei den furchtbaren Angriffen gegen Ausländer in der Nachfolge Jesu einfach dazwischenstellen, notfalls auch im Talar, in der Hoffnung, daß vielleicht einige von den kranken Molotow-Cocktail-Werfern abgehalten werden. Jesus Christus ist uns da Vorbild. Er folgte Gott. Er lebte, was er predigte.

Das Neue Testament sagt uns deutlich, daß der »Fremde« – modern: der Ausländer – ein Gastrecht bei uns hat. Jesus sagt, daß uns am Ende unseres Lebens Gott danach fragen wird, wie wir mit diesen Fremden, diesen Mitmenschen umgegangen sind und wie wir sie aufgenommen haben. »Was ihr an einem von meinen geringsten Brüdern versäumt habt, das habt ihr an mir versäumt.« (Matthäus 25, 45)

Schon im Alten Testament lesen wir: »Wenn ein Fremdling bei euch wohnt in eurem Lande, den sollt ihr nicht bedrücken. Er soll bei euch wohnen wie ein Einheimischer unter euch, und du sollst ihn lieben wie dich selbst; denn ihr seid auch Fremdlinge gewesen in Ägyptenland. Ich bin der Herr, euer Gott.« (3. Mose 19, 33–34)

Wir feiern Jahr für Jahr Weihnachten, aber die Geschichte von Christi Geburt wollen wir nicht hören: Denn Josef, Maria und das Jesus-Kind waren selbst Asylbewerber und auf der Flucht nach Ägypten. Die Kirche muß lernen, nicht nur immer die zu lieben, die sie kennt, die um uns herum sind, die wir schon immer geliebt haben, sondern auch die zu lieben, die keiner liebt, die Außenseiter, die Ausgestoßenen, die Fremden. Das ist die Botschaft Jesu Christi, auch wenn es der Kirche nicht paßt. Wir haben in unserer Kirche zu viele kritiklose Claqueure. Keiner will wie Jesus sein, keiner in seiner Nachfolge stehen, denn Jesus war nicht beliebt.

Es ist gut, wenn die Kirche verfolgten Flüchtlingen, die abgeschoben werden sollen, Asyl gewährt. Es ist an der

Zeit, daß die Kirchen an ihre Türen sprayen: »Ausländer willkommen!« Klagen wir ein, was das Grundgesetz in Artikel 1, Absatz 1 und 2 fordert: »Die Würde des Menschen ist unantastbar. Sie zu achten und sie zu schützen, ist Verpflichtung aller staatlichen Gewalt. Das deutsche Volk bekennt sich darum zu unverletzlichen und unveräußerlichen Menschenrechten als Grundlage jeder menschlichen Gemeinschaft, des Friedens und der Gerechtigkeit in der Welt.«

Wir benötigen dringend ein Einwanderungsgesetz. Wir brauchen ein Gesetz, das uns vor dem Rassismus schützt. Wie recht hat Goethe: »Das Land, das die Fremden nicht beschützt, geht bald unter.« Unsere multikulturelle Gesellschaft ist keine Gefahr, im Gegenteil, sie bereichert unser muffiges deutsches Leben.

Manche halten mir entgegen: Es gibt auch in anderen Ländern Ausländerfeindlichkeit. – Das stimmt. Nur ich richte mich in meinem Leben nicht nach den Schlechteren. Ich kehre erst einmal vor meiner eigenen Tür, bevor ich mich um den Dreck anderer kümmere.

Im Ausland wird sehr genau zur Kenntnis genommen, wie Fremde bei uns behandelt werden, ob die Gefahr von rechts nicht unterschätzt wird. Seit 1989 bin ich immer wieder im Ausland gefragt worden, ob dunkelhäutige Menschen in Deutschland sicher seien. Meine Antwort: »Bis auf weiteres nein.« 1993 wollten Freunde in den USA von mir wissen, ob farbige StudentInnen ein Stipendium an einer deutschen Universität annehmen sollten. Ich habe abgeraten, sicherte allerdings zu, ich würde mich bei allen Freunden im Ausland melden, wenn Deutschland wieder ein gastfreundliches Land, auch für Farbige, sei.

Bekannte aus Kanada haben mir im Herbst 1992 per Einschreiben ein »Open Ticket« für einen kostenlosen Flug in ihr Land geschickt. Sie schrieben mir: »Wenn es in Deutschland schlimmer wird, hier hast du immer eine Heimat.« Ich habe geantwortet: »Für mich ist es im Moment noch nicht schlimm. Nehmt lieber einen Flüchtling auf, bevor er in Deutschland totgeschlagen wird.«

Wir waren das Volk

»Es wäre ehrlicher gewesen, wenn wir die DDR militärisch besetzt hätten.«

Pastor Heinrich Albertz,
ehemaliger Regierender Bürgermeister von
West-Berlin, nach der »Wende«

Seit der sogenannten »Wende« (übrigens ein Wort, das vom SED-Politiker Egon Krenz stammt) im Oktober 1989 habe ich mich lange Zeit zurückgehalten, weil ich meine, daß die schlimmen westdeutschen »Besser-Wessis«, die früher in der Regel nie die DDR besucht haben oder nur offiziell, endlich ihren Mund halten sollten. Mit den allerdümmsten Ausreden – »Der Zwangsumtausch (zuletzt 25 Mark pro Tag) ist mir zuviel« – haben die allermeisten sich 40 Jahre lang gewehrt, nach »drüben« zu reisen (und sind nach Mallorca und Ibiza geflüchtet), ja, sie haben ihnen politisch nicht Genehme aufgefordert, »rüber« zu gehen. Diese Normal-Wessis sollten schweigen. Ihre geistige und geistliche Arroganz ist unerträglich!

Wenn ich mich jetzt doch zu Wort melde, dann fällt mir das sehr schwer, denn ich schäme mich, wie wir Westdeutschen über die Menschen in der ehemaligen DDR hergefallen sind. Aber viele Ostdeutsche haben mich gebeten, nicht zu schweigen. Sie haben mir gesagt: »Auch heute, wo wir die Freiheit haben, zu protestieren und unsere Meinung offen zu sagen, wagen wir es nicht, denn wir haben Angst, daß wir wieder entlassen werden. Teilweise sitzen in den Betrieben heute noch als leitende Angestellte dieselben ›Verbrecher‹, die der Stasi, der SED oder den ›Blockflötenparteien‹ angehörten. Sie haben uns vor 1989 oftmals vor die Tür gesetzt oder nicht in leitende Stellungen kommen lassen, weil wir entweder nicht zur Jugendweihe gingen, engagiert in der Kirche mitarbeiteten, der FDJ nicht angehört haben oder den Gesellschaften für deutsch-sowjetische Freundschaft oder uns weigerten, den innerbetrieblichen Kampfgruppen anzugehören.«

In etlichen Fällen habe ich das nachprüfen können. Es stimmte.

Ich bin rübergegangen

Für die, die mich nicht kennen, sollte ich erwähnen, daß ich von 1946 bis 1950 jährlich die Sowjetische Besatzungszone, dann die DDR besuchte, dann wieder von 1954 bis 1959 und von 1971 bis heute. Ich bin »rüber«. Vierzigmal war ich jeweils für drei Wochen dort, zusammengerechnet über zwei Jahre. Ich habe immer bei Privatleuten gewohnt, auf diese Weise über 400 verschiedene Familien kennengelernt und dabei eine Gastfreundschaft erlebt wie nirgendwo auf der Welt, außer vielleicht in Kanada. Nur zweimal mußte ich in einem christlichen Hospiz übernachten, was ich bedauere, denn bei all meinen Aufenthalten, auch in der Dritten Welt, habe ich kaum in einem Hotel oder Hospiz gewohnt. Ich habe zu über 1200 Gruppen gesprochen. Zu 95 Prozent waren es kirchliche, nur ganz selten bei Mitgliedern der FdJ, der DDR-CDU oder der Christlichen Friedenskonferenz (CFK).

Bis 1982 hatte ich, mit zwei Ausnahmen, keine Sprechoder Predigterlaubnis, so daß viele ostdeutsche Kirchenleitungen wegen mir hohe Strafen zahlen mußten. Bei den Ausnahmen handelte es sich zum einen um eine offizielle Einladung der CFK, auf die ich noch näher eingehen werde, zum anderen um eine Einladung der Ost-CDU. Diese beiden Gruppen, zu denen ich sprechen durfte, waren ausgewählt und so einseitig SED-orientiert – nur Kritik am Westen war erlaubt, nicht am Osten –, daß ich das nie wiederholt habe.

Ab 1982 erhielt ich eine offizielle Einladung des Bundes der Evangelischen Kirchen in der DDR, so daß ich in meist kleinen, aber überfüllten Gemeindesälen sprechen und von Kanzeln predigen durfte, wobei meistens Dritte-Welt-Fragen im Mittelpunkt standen. (Das hat sich heute geändert. Man ist verständlicherweise mehr mit sich selbst beschäftigt.)

Gemessen an dem, was der DDR-Staat seinen BürgerInnen an Kontrolle und Untersuchungen zumutete, ist es mir stets gut gegangen. Bei Ein- und Ausreise bin ich zwar gründlichst kontrolliert worden, und ich habe drei Stasi-Untersuchungen über mich ergehen lassen müssen, die aber nicht länger als ein paar Stunden dauerten. Einmal hielt man mich an der Grenze fest, weil ich die sowjetische Invasion in Afghanistan kritisiert hatte. Ein zweites Mal stoppte mich die Stasi mitten auf der Straße, und ich wurde eine Zeitlang interviewt, weil ich die Ausbürgerung von Wolf Biermann für schlimm hielt. Das dritte Mal war ich beobachtet worden, als ich ein Greenpeace-Plakat an den Zaun des Kernkraftwerks bei Greifswald angebracht hatte. In diesem Fall wurde ich direkt zur Grenze begleitet und mußte die DDR einen Tag früher als geplant verlassen.

Die Stasi war allgegenwärtig. Man sagte mir nach Veranstaltungen: »Da war der oder die drin, die eigentlich nie zu uns kommt und nicht zu uns gehört«, aber ich konnte meist reden, was ich wollte. Und schließlich ist die Botschaft Jesu Christi für alle da. »Jesus Christus ist nicht gegen Karl Marx gestorben, sondern für alle Menschen«, hat der ehemalige Bundespräsident Gustav Heinemann (SPD) einmal gesagt.

Erst nach der »Wende« war es mir möglich, mit Abgeordneten der freigewählten Volkskammer zu sprechen, mit Offizieren der NVA, mit Pädagogen und sogar in Schulen, was vorher natürlich streng verboten war. Auch durfte ich mit einigen Stasi-Angehörigen reden, denen es übrigens heute finanziell gar nicht so schlecht geht, auch wenn sie arbeitslos sind. Die meisten Rentner in Ostdeutschland sind nicht so gut dran.

Wichtig war für mich, daß ich vor wenigen Jahren meine Akte aus dem SED-Archiv (Geschäftszeichen: JfGAZPA IV/2/14/1958) herausholen konnte. In ihr wurde eingehend mein Konflikt mit dem damaligen SED-Staatssekretär für Kirchenfragen Eggerath dargestellt, als ich 1958 wegen der Inhaftierung von zwei Studentenpfarrern, Siegfried Schmutzler und Johannes Hamel – ihnen war »Wühlarbeit« gegen die Gesellschaftsordnung der DDR zum Vorwurf gemacht worden –, erfolglos protestiert hatte. Wörtlich steht in dem Protokoll, daß man es sich verbitten würde, daß ich laufend den »Sozialismus« in der DDR als »SEDismus« bezeichne. Man beteuerte zum Schluß, daß ich – zusammen mit Martin Niemöller – ein guter Friedenskämpfer im Westen Deutschlands sei, aber ich sollte die DDR nicht zu beeinflussen suchen.

Wie ich aus meiner Stasi-Akte erfahren habe, wurde ich unter anderem durch Jutta van Almsick »betreut«, der Mutter des Schwimmstars Franziska van Almsick. Sie war auf den Treptower Pfarrer Hilse, der eine »Umweltbibliothek« unterhielt, und seine Familie angesetzt. Häufig predigte ich in seiner Gemeinde. Was wurde nicht alles von der Stasi über mich festgehalten: »Bitte, Brot mit Käse, aber ohne Margarine oder Butter.« Meine abendliche Eßgewohnheiten gaben der Stasi Rätsel auf: Das muß ein Codewort sein. Sollen wir den weiter einreisen lassen? – Sie ließen mich – und »betreuten« mich weiter.

In den vierziger und fünfziger Jahren waren für mich die Gespräche mit Otto Nuschke wichtig. Er war lange Zeit im »Dritten Reich« verhaftet, hatte Berufsverbot. Nach Kriegsende war er Mitbegründer der damals noch gesamtdeutschen CDU, dann Vorsitzender der DDR-CDU. Als er Leiter des Amtes für Kirchenfragen im Ministerrat der DDR war, habe ich ihn immer wieder um die vorzeitige Entlassung von Gefangenen oder um Hafterleichterungen gebeten. Das gleiche habe ich bei meinen Treffen mit Johannes

Dieckmann getan, frühes Mitglied der LDPD (DDR-FDP) und späterer Volkskammerpräsident.

Später traf ich dann Gregor Gysis Vater Klaus Gysi, Mitglied der SED, einer der Nachfolger Nuschkes als Staatssekretär für Kirchenfragen, und seinen persönlichen Referenten Dohle, ebenfalls SED-Mitglied. Mit letztrem führte ich mehrfach Gespräche. Durch seine Unterstützung gelang es mir jedes Jahr aufs neue, meine Bücher »Unterwegs erfahren« und »Entscheidung für die Hoffnung« sowie andere Dritte-Welt-Bücher im Wert von weit über tausend Mark, die offiziell in der DDR verboten waren, in denen aber kein Wort über die DDR stand, durch die Grenze zu schleusen. Ob Dohle für die Stasi arbeitete, weiß ich bis heute nicht. Ich ging jedenfalls davon aus, daß der Inhalt jedes Gespräches, das ich mit einem SED- oder DDR-CDU-Funktionär geführt hatte, der Stasi mitgeteilt wurde. Gleiches nahm ich an, als ich Kirchen in der ČSSR, der UdSSR, Ungarn und Polen besuchte; das blieb den Geheimdiensten nicht verborgen.

Meine Bitte, mit Klaus Gysi noch einmal sprechen zu dürfen oder mit seinem Stellvertreter Hermann Kalb (DDR-CDU) sowie mit dem DDR-CDU-Vorsitzenden Götting und seinem Vertreter Heyl, wurden stets abgelehnt. Ich wollte auch mit ihnen über Inhaftierte sprechen oder über Besuchsreisen von DDR-Bürgern in den Westen. Ich wechselte Briefe mit diesen Vertretern des Staates. Manche Schreiben, das erfuhr ich nach der »Wende«, waren gar nicht von meinen Briefpartnern verfaßt worden.

Jedes Gespräch, das Menschen aus dem Westen mit Verantwortlichen in der DDR über jene geführt haben, die in Bautzen und anderen Gefängnissen aus politischen Gründen einsitzen mußten, hat etwas gebracht, auch wenn es nur kleine Verbesserungen der Haftbedingungen gewesen sein mögen. Mir selbst ist es nur in einem Fall gelungen, mittels eines Pfarrers einen Menschen aus dem Gefängnis zu bekommen. Daß dieser Pfarrer für die Stasi arbeitete, wußte ich nicht; ich ahnte es nur.

In den fünfziger und siebziger Jahren habe ich Gespräche mit den juristischen Oberkirchenräten der thüringischen lutherischen Landeskirche, Gerhard Lotz und Hartmut Mitzenheim, geführt. Daß diese beiden Beziehungen zu allerhöchsten Stellen in der DDR hatten, war jedem bekannt. Sie waren leitend in der Christlichen Friedenskonferenz und im Hauptvorstand der DDR-CDU. Ihre Stasi-Mitarbeit war mir damals nicht bekannt.

Daß ein anderer Jurist, Oberkirchenrat Martin Kirchner, unter Stasi-Spitzel-Verdacht stand, war demgegenüber in Eisenach schon lange vor der »Wende« bekannt. Kaum ein Mensch im dortigen Landeskirchenamt war frei von Angst vor dem DDR-CDU-Mann. Theologiestudenten bestätigten mir seinerzeit, Kirchner habe immer versucht, sie von ihrer Absicht abzubringen, den Kriegsdienst zu verweigern und Bausoldat zu werden. Leute, die bei ihm privat zu Besuch waren, fragten sich, wie es dem Oberkirchenrat möglich war, seine Wohnung so luxuriös auszustatten. – Nach der »Wende« wurde Stasi-Kirchner Generalsekretär der DDR-CDU. Mittlerweile hat ihn seine Vergangenheit eingeholt. Er ist nicht mehr im kirchlichen Dienst, auch nicht mehr in der CDU. Die soll ihm jedoch in der freien Marktwirtschaft einen gutdotierten Job verschafft haben.

Es ist erstaunlich, daß ich in den sechziger, siebziger und achtziger Jahren beim Betreten des evangelischen Landeskirchenamtes Thüringen in Eisenach immer wieder vor den kirchlichen Juristen gewarnt worden bin.

Menschen in der Nachfolge Jesu in der DDR

Die evangelische Kirche in der DDR hat dem SED-Blockparteien-Regime Widerstand entgegengesetzt, wo es notwendig war. Wenn es hochkommt, sind fünf Prozent ihrer Mitglieder im Geiste mit Honecker und Konsorten mitmarschiert, aus falschem Idealismus, für Geld oder weil sie erpreßt wurden. Daß es kirchliche Mitarbeiter gab, denen Mielke näherstand als Jesus, trifft zu, aber dies kann kein

Grund sein, die Kirche als Ganzes zu diffamieren. Solche Blindgänger gibt es überall. Es gab keine Kumpanei zwischen Kirche und SED- und Blockflöten-Staat. Es ist lachhaft, immer wieder zu behaupten, die Stasi hätte die Kirche im Griff gehabt. Ich bin immer noch über das Papier empört, das der sogenannte »Evangelische Arbeitskreis« der Unionsparteien (West) bereits kurz nach dem Mauerfall herausgegeben hat – für mich ist es ein christliches Geheimdienstprotokoll: Darin werden sämtliche Kirchenführer der Ost-Kirche eingestuft, ob sie nun links oder rechts seien und der Regierung der SED oder der damaligen Bundesregierung pro oder contra gegenüberstehen würden. Nur Leute ohne Herz, die keine Ahnung haben, was drüben in 40 Jahren geschehen ist, es sei denn aus der Ost-Hotelperspektive, konnten so ein Pamphlet erstellen. Diese Hypokriten verleumden die, die immer in der Nachfolge Jesu gestanden haben, und gewähren jenen »Blockflöten« Ablaß, die damals strammgestanden und heute den schwarzgelben Machterhalt garantieren sollen, Mitgliedern der DDR-CDU und der LDPD (heute FDP).

Man spekuliert über mögliche Stasi-Verstrickungen der DDR-Kirche noch und noch, sieht aber nicht, welcher Einsatz in sehr schwierigen Zeiten, schon seit der Zeit der Sowjetischen Besatzungszone, geleistet worden ist für Verfolgte und Inhaftierte, nicht nur für Kirchenmitglieder.

Von Albrecht Schönherr, Seminarist bei Dietrich Bonhoeffer, nach 1945 Superintendent, in den fünfziger Jahren Predigerseminardirektor, in den sechziger Jahren Generalsuperintendent, in den siebziger Jahren Bischof in Berlin. (Wer mehr über seine Erfahrungen lesen will, dem empfehle ich sein Buch »Aber die Zeit war nicht verloren – Erinnerungen eines Altbischofs«.)

Von Werner Krusche, in den fünfziger Jahren als Pfarrer in Dresden, in den sechziger Jahren als Theologiedozent in Leipzig, in den siebziger Jahren als Magdeburger Bischof.

Von Gottfried Forck, in den fünfziger Jahren als Assistent an der Kirchlichen Hochschule in Berlin und Studentenpfarrer an der Humboldt-Universität, als Gemeindepfarrer in der Niederlausitz, in den sechziger Jahren als Direktor des Predigerseminars in Brandenburg, in den schweren siebziger Jahren als Generalsuperintendent in Cottbus, dann als brandenburgischer Bischof.

Von Johannes Hempel, dem sächsischen Bischof. Wie viele verdanken ihm ihre Freiheit, vielleicht sogar ihr Leben? Nicht erst in den achtziger, sondern schon in den fünfziger Jahren als Pfarrer in Leipzig.

Von dem inzwischen verstorbenen Görlitzer Bischof Hans-Joachim Wollstadt, der sich in den achtziger Jahren in Bautzen um Gefolterte kümmerte, davor schon in den fünfziger Jahren als Pfarrer in Görlitz für vom SED/Blockflöten-Regime Ausgestoßene, in den sechziger Jahren als Leiter des Diakonischen Werkes und während seiner Zeit als Leiter der Heilanstalt Martinshof in der Oberlausitz.

Von Heinrich Radtke, unermüdlich sein Einsatz für Geschundene und Gefangene und die, die aufgrund ihrer politischen Haltung keine Arbeit bekamen, auch wenn sie nicht zur Kirche gehörten, schon als Pastor in Mecklenburg in den fünfziger Jahren, später als Bischof in Rostock.

Von Christoph Demke als Bischof der Kirchenprovinz Sachsen in den achtziger Jahren, davor im Sprachenkonvikt Berlin, in Sachsenhausen und wieder in Berlin, in verantwortlicher Leitung des Sekretariats des Bundes der Evangelischen Kirchen in der DDR.

Oder von Christoph Stier: ständig schwierigste Verhandlungen als Bischof mit dem Staat in Mecklenburg in den achtziger Jahren, zuvor in Rostock.

Oder von den verstorbenen Bischöfen Friedrich-Wilhelm Krummacher (Greifswald), Niklas Beste (Schwerin) und Gottfried Noth (Dresden). Oder vom Rostocker Gemeindepfarrer Joachim Gauck, der den bekannten Satz prägte, daß Christen aus dem Schattendasein herauszusteigen haben, aus »Tarnanzügen der Anpassung«. Der Mitbegründer des Neuen Forums leitete zehn Jahre lang die »Gauck-Behörde«.

Es geht mir nicht um irgendeinen Persönlichkeitskult, und darum möchte ich, damit nicht dieser Eindruck entsteht, nicht nur die »Großen«, die »oben«, die Bischöfe erwähnen, sondern auch stellvertretend einige von den vielen, die sich für oppositionelle Christen und Nicht-Christen in der DDR einsetzten, ohne eine alphabetische oder Rangordnung: Superintendentin Ingrid Laudin (Berlin), Pastorin Annemarie Schönherr (Berlin), Kreisjugendwart Brendel (Hoyerswerda), Akademiedirektorin Adler (Berlin), Pfarrer Almut und Christfried Berger (Berlin), Pfarrer Bunners (Berlin), Diakon Franke (Berlin), Referent Garstecki (Berlin), Pfarrer Werner und Ilse Hilse (Berlin), DDR-CDU-Mitglied Klages (Berlin), DDR-CDU-Mitglied Wilkening (Berlin), Oberkirchenrat Ziegler (Berlin), Oberkirchenrat Schülzgen (Berlin), Generalsuperintendent Jacob (Fürstenwalde), Referent Reichelt (Berlin), Oberkirchenrat Plath (Greifswald), Pfarrer Berger (jetzt Bischof – Greifswald), Landessuperintendent Wiebering (Rostock), Diakon Lietz (Güstrow), Prediger Andreas Fischer (Berlin), Superintendent Weye (Propst – Magdeburg), Pfarrer Arlt (Halle), Pfarrer Metzner (Erfurt), Propst Falcke (Erfurt), Professor Hertzsch (Jena), Generalsuperintendent Richter (Cottbus), Professor Nowak (Leipzig), Oberkirchenrat Fichtner (Görlitz), Bischof Rogge (Görlitz), Superintendent Kress (Oberkirchenrat – Bautzen), Superintendent Mendt (Zittau), Superintendent Scheibner (Dresden), Superintendent Schlemmer (Freiberg), Pfarrer Andreas und Pfarrerin Ute Krusche (Schneeberg)...

Ich könnte noch viele andere nennen, nicht nur »Würdenträger«, sondern auch Tausende und Abertausende sogenannter Laien, sich zu ihrem Glauben bekennende Jüngerinnen und Jünger Jesu, die sich nicht diplomatisch verhalten haben, keine Vertreter einer Anpassungstheologie gewesen sind, Männer und Frauen, die mutig Zeugnis abgelegt haben in Fragen der Menschenrechte, des Einmarsches in die Tschechoslowakei 1968, an dem auch die Nationale Volksarmee beteiligt war, in Fragen der Glaubensfreiheit, der Jugendweihe, der Kriegsdienstverweigerung, des Wehrkundeunterrichts... Als sie sich für Menschen in Not einsetzten, hat keiner darüber gesprochen; das war selbstverständlich. Heute spricht keiner über sie, weil sie nicht – wie die »Blockflöten« – zu allem Ja und Amen gesagt haben.

Die Evangelische Kirche in der DDR hat sich nie korrumpieren lassen. Im Gegenteil: Sie war eingeengt, ihre Mitarbeiter bedroht, ein paar sind sogar erpreßt worden. Sie heute als Ganze in Stasi-Nähe rücken zu wollen, ist ungeheuerlich, ja Sünde! Die Kirche hat sich selbstverständlich um Oppositionelle, Inhaftierte und Gefolterte gekümmert. Sie war eine »Kirche für andere« (Bonhoeffer).

Kirche im Sozialismus

Jesus Christus ist der Herr der Welt und war somit auch der Herr der DDR! Die DDR war nicht Herren-los. Gerade weil die Kirche nicht frei von staatlichen Repressionen war, zeigte sie sich freier und hat ihre Erklärungen oftmals wesentlich prophetischer und direkter abgegeben als wir in ähnlichen Fällen im Westen.

Wenn von der »Kirche im Sozialismus« die Rede war, hieß das nie »Kirche des Sozialismus«, »Kirche vom Sozialismus« oder »sozialistische Kirche«. Wer diese Kurzformel verstehen will, muß weit zurückgehen. Im Neuen Testament heißt es: »Und sie verkauften die Güter und die Habe und verteilten sie unter alle, je nachdem einer es nötig hatte.« (Apostelgeschichte 2, 45) Das war die Urgemeinde Jesu Christi. In den ersten drei Jahrhunderten gab es eine Art Liebeskommunismus des Urchristentums, ein genossenschaftliches Eigentum der Gemeinden. Und das waren auch wichtige Gedanken für die Bekennende Kirche nach dem Zusammenbruch 1945.

Die Bekennende Kirche in beiden Teilen Deutschlands öffnete sich bewußt sozialistischen Fragen, nahm sie ernst und sah sie im Verhältnis zum christlichen Glauben. Sie bekannte 1947: »Wir sind in die Irre gegangen, als wir übersahen, daß der ökonomische Materialismus der marxistischen Lehre die Kirche an den Auftrag und die Verheißung der Gemeinde im Dienst hätte gemahnen müssen. Wir haben es unterlassen, die Sache der Armen und Entrechteten gemäß dem Evangelium von Gottes kommenden Reich zur Sachen der Christenheit zu machen.«

Nach 1945 haben sich auch führende CDU-Mitbegründer diesen Meinungen angeschlossen, zum Beispiel von der Gablentz, Kaiser oder Arnold.

Die Theologen-Generation, die in der DDR die Formel »Kirche im Sozialismus« prägte, wollte – wie sie es alle nannten – einen besseren Sozialismus neutestamentlicher, frommer Prägung, mit einem menschlicheren Antlitz. Sie wollte Veränderung, Reformen, übte – »kompromißfähig, aber niemals gleichgeschaltet« – kritische Solidarität mit dem Staat DDR und grenzte sich vom SEDismus ab, ohne der ach so freien sozialen Marktwirtschaft mit all ihren Ungerechtigkeiten das Wort zu reden. Vielleicht hätte sie hier und da deutlicher Position beziehen müssen (wer macht keine Fehler?), doch alles in allem war die Kirche eine protestantische, eine protestierende, die sich nicht vor fremde Karren spannen ließ, auch nicht vom Westen in Zeiten des Kalten Krieges. Sie hat nie Menschen dazu ermuntert, die DDR zu verlassen, sondern immer gepredigt: »Lauft nicht in den Westen, denn der Herr braucht euch hier!« Es konnte aber nicht ihre Aufgabe sein, die SED/DDR-CDU-Diktatur zu stürzen, obwohl sie letztlich einen sehr wesentlichen Beitrag dazu geleistet hat.

Im Gegensatz zur katholischen Kirche, die sich zumeist bedeckt hielt, versteckte sich die evangelische nicht nur betend hinter Kirchenmauern und hielt Fürbittgottesdienste ab. Sie folgte den Worten des Evangelisten Matthäus: »Siehe, ich sende euch wie Schafe mitten unter die Wölfe; darum seid klug wie die Schlangen und ohne Falsch wie die Tauben.« Geschickt nutzte die Kirche Freiräume, öffnete ihre Türen für die Friedens-, Ökologie- und Bürgerrechtsbewegung. Altbischof Werner Leich (Thüringen): »Die Kirche ist für alle, aber nicht für alles«.

Da die Kirche unabhängig vom Staat war, ja kritisch ihm gegenüber, brachten ihr Menschen, die sich nicht mehr gängeln lassen wollten, Vertrauen entgegen, versammelten sich in ihren Räumen, fanden hier einen Halt, schöpften Mut, auch wenn sie mit der Institution Kirche nichts am Hut hatten. Bei meinen Arbeitsaufenthalten spürte ich in diesen Kreisen Betroffenheit und Ergriffenheit. Schließlich gingen die Gruppen und mit ihr die evangelische Kirche auf die Straße, auf die Marktplätze, wie Jesus es vorgelebt hatte, und bereitete damit der gewaltfreien Revolution von 1989 den Weg. »Bitte, gebt nicht auf!« möchte man ihnen heute zurufen, doch was ist geblieben?

Höchstens fünf Prozent

Die SED hatte Angst vor der kleinen evangelischen Kirche in der DDR, die sie oft als »5. Kolonne« des Westens diffamierte. Religion war »Opium fürs Volk«. Bekennende Christen mußten schon allein wegen ihres Glaubens Nachteile fürchten. Wer mit dem Aufnäher »Schwerter zu Pflugscharen« seine Gesinnung kundtat, betrieb »staatsfeindliche Hetze«, wurde kriminalisiert und verfolgt – manch einer landete im Gefängnis.

Die Kirche war in der DDR eine Institution, die von der SED – trotz allem Druck – zu keiner Zeit gleich- und schon gar nicht ausgeschaltet werden konnte. Deshalb versuchte die Partei schließlich, auf die Entwicklung der Kirche Einfluß zu nehmen. In diesem Zusammenhang ist die Rolle derjenigen zu sehen, die – wenn es hochkommt – fünf Prozent der Kirchenmitglieder ausgemacht haben. Das waren Ausnahmen wie der Generalsuperintendent Günter Krusche (nicht zu verwechseln mit Bischof Werner Krusche) und der thüringische Bischof Mitzenheim, die einen SED-nahen Kurs steuerten. Das waren Gruppierungen wie der »Weißenseer Arbeitskreis«, die Kirchlichen Bruderschaften, die Christliche Friedenskonferenz (CFK) oder bestimmte Professoren der evangelisch-theologischen Sektionen der staatlichen Universitäten, wo kaum einer lehren durfte, der nicht der Blockpartei CDU oder der CFK angehörte. Diese theologischen Weichspüler haben sich unbiblisch, SED-unkritisch um jeden Preis angepaßt und damit der Ost-Kirche mehr geschadet als die Stasi. Ich weiß, wovon ich spreche. Ich kenne die Leute, habe mit ihnen diskutiert, in ihren Wohnungen gelebt, in ihren Gemeinden gesprochen.

Beispiel Leipzig: Der Dekan der evangelisch-theologischen Sektion der Karl-Marx-Universität war DDR-CDU-Hauptvorstandsmitglied Professor Moritz. Wegen seiner Stasi-Mitarbeit mußte er ebenso gehen wie der Kirchenhistoriker Kurt Meyer und der CFK-Mann Dr. Peter Zimmermann. Einer der wenigen Leipziger Theologen, der lehren durfte, obwohl er kein Parteibuch in der Tasche hatte, war Professor Kurt Nowak. Er lud mich regelmäßig jedes zweite Jahr ein, um zu seinen Studenten zu sprechen. Kein anderer an einer staatlichen Universität Lehrender hat das zu DDR-Zeiten gewagt.

Beispiel Berlin: Heiner Fink hatte in den fünfziger Jahren an der Berliner Humboldt-Universität Theologie studiert, war ab 1961 Assistent, ab 1969 Dozent, seit 1979 Professor an der Theologischen Fakultät. 1985 wurde er zum Vorsitzenden der CFK in der DDR gewählt. Nach der »Wende« stieg er sogar zum Rektor der Humboldt-Universität auf.

Fink stand dem SED-Regime linientreu gegenüber, paßte sich an wie Lothar de Maizière, war kein Verweigerer wie Rainer Eppelmann oder Bärbel Bohley. Er lebte in einem größeren Haus in Berlin-Karlshorst, durfte in den Westen reisen, besaß westliche Bücher und Zeitschriften, die er – wie er mir Anfang der siebziger Jahre erklärte – mit Zustimmung der DDR-Regierung beziehen konnte. Der Mann hatte Privilegien – und offensichtlich eine nicht mehr auffindbare Stasi-Akte, die mich nicht interessiert. Ich weiß nur, wie Fink mit Matthias Storck umgesprungen ist. Als der Theologiestudent sich an der Humboldt-Universität bewarb, sagte ihm Fink, er müsse schon der FDJ angehören, um aufgenommen zu werden. Storck verließ Berlin. Er und seine spätere Ehefrau landeten wegen »landesverräterischer Agententätigkeit« und »Republikflucht« im Gefängnis, weil sie sich Frank Rudolph – Deckname »Klaus« – anvertraut hatten, einem Pfarrer in Stasi-Diensten, der nach der »Wende« vorübergehend beim Evangelischen Pressedienst in Frankfurt/Main Beschäftigung fand. Storck ist heute Pfarrer in Westfalen. Er hat 1994 das Buch »Karierte Wolken – Lebensbeschreibungen eines Freigekauften« veröffentlicht. Über Menschen, die ihn belehrt haben, es sei manchmal nötig, »mit dem Teufel zu paktieren«, ist Storck zu Recht verbittert. »Was sind das für unevangelische Vokabeln und Ausflüchte«, fragt sich Storck und fügt hinzu: »Buße und Umkehr sind aus der Mode gekommen. Die eigene Geschichte wird umgelogen zu einer Heldenbiographie.«

Heiner Fink merkte erst spät, daß es von Vorteil sein könnte, sich zu »wenden«. Am 8. Oktober 1989 geriet er in Berlin in eine Demonstration und bekam einen Stasi-Knüppelschlag auf die Schulter – seine Ernennung zum »Bürgerrechtler«. Doch Fink konnte seine Vergangenheit nicht abschütteln. Er wurde wegen seiner Stasi-Verstrickungen aus seinem Amt als Rektor der Humboldt-Universität entfernt – Anlaß für ihn, öffentlich zu äußern, er überlege sich, ob er sich nicht besser »Heiner Stasi Fink« nennen sollte, so wie die Juden in der Nazi-Zeit gezwungen wurden, sich »Sarah« oder »Israel« zu nennen. Statt sich so hervorzutun, hätte er lieber geschwiegen und den Rat von Pfarrer Rainer Eppelmann befolgt: Die, die in der DDR Funktionsträger gewesen sind, sollten für einige Jahre in den Hintergrund treten. (Etliche haben das getan.) Heute sitzt Heiner Fink als PDS-Abgeordneter im Bundestag, während die einstige stramme DDR-CDU-Blockflöte Pfarrerin Christine Lieberknecht als CDU-Abgeordnete Präsidentin des thüringischen Landtags ist.

Die Christliche Friedenskonferenz

Ich habe die CFK 1958 mitbegründet, weil ich in ihr einen Teil der Kirche sah, der im Kalten Krieg zwischen Ost und West gewaltlos vermitteln wollte. Es war die erste blockübergreifende Bewegung – wenige Jahre nach dem Arbeiteraufstand in der DDR am 17. Juni 1953 und nach der Niederschlagung des Aufstandes in Ungarn 1956.

Der 1889 geborene Tscheche Prof. Dr. Josef L. Hromádka hat die CFK ins Leben gerufen. Er war ordentlicher Professor für systematische Theologie an der Hus-Fakultät in Prag, mußte 1939 vor Hitler fliehen und ging nicht in die Sowjetunion, sondern – wohlgemerkt – in die USA. Dort war er bis 1947 Professor am weltberühmten Princeton Theological Seminary im Bundesstaat New Jersey. In Princeton hielten sich seinerzeit viele geflohene deutsche Emigranten auf, unter anderem Albert Einstein. Aufgrund meiner Mitarbeit in der US Army und der Freimaurer-Haltung meines Vaters konnte ich Hromádka, kurz bevor er 1947 nach Prag zurückkehrte, dort besuchen.

Hromádka vertrat einen biblischen, neutestamentlichen und religiösen Sozialismus. Er hat keineswegs mit dem Sowjet-Kommunismus geliebäugelt. Vielmehr propagierte er den Dialog zwischen Menschen konträrer Weltanschauungen, wie er mir in vielen Gesprächen deutlich machte.

Die CFK-Gründungsversammlung fand vom 1. bis 4. Juni 1958 in Prag statt. Von westdeutscher Seite waren dabei Prof. Dr. theol. H. J. Iwand (Bonn), Oberkirchenrat H. Krüger (Frankfurt), Pfarrer Essen (Duisburg) und ich, aus der DDR die Theologieprofessoren Emil Fuchs (Leipzig), Erich Hertzsch (Jena), Erhard Peschke (Rostock), Werner Schmauch (Greifswald), Hans Urner (Halle), Heinrich Vogel (Humboldt-Universität Berlin) sowie der DDR-CDU-Sekretär Günter Wirth (Berlin). An der zweiten CFK-Konferenz 1959 nahmen schon wesentlich mehr Vertreter aus Ost und West teil. Die CFK entwickelte sich in den Folgejahren zu einer der größten christlichen Friedensbewegungen der Welt und war Teil der internationalen Ökumene. Sie ergänzte gewissermaßen den damals sehr rechtslastigen, pro-westlich ausgerichteten und durch den US-Außenminister John Forster Dulles dominierten Ökumenischen Weltrat der Kirchen mit Sitz in Genf.

Als ich in den sechziger Jahren in Kanada und Indien arbeitete, schloß ich mich dort den kleinen, erst entstehenden Gruppen der CFK an. Bei meinen Arbeitsaufenthalten in vielen Ländern der Dritten Welt hatte ich oft Kontakt zu den örtlichen CFK-Gruppen.

1968 wollte die CFK als blockübergreifende Organisation nicht den Überfall der Warschauer-Pakt-Mächte auf die ČSSR verurteilen. Für mich war die Niederschlagung des »Prager Frühlings« ungeheuerlich, zumal sich unter den Invasoren auch die Nationale Volksarmee der DDR befand. Schon einmal waren deutsche Truppen in das Land einmarschiert. Ich schämte mich als Deutscher.

Ich trat aus Protest aus der CFK aus und mit mir viele andere, darunter CFK-Gründer Hromádka (der 1969 starb), Oberkirchenrat Kloppenburg (Bremen), Professor Casalis (Paris), Pfarrer Martin Schwarz (Basel), Professor Hannes de Graaf (Holland), um nur einige zu nennen. Der Generalsekretär der CFK, Pfarrer Ondra, wurde zum Rücktritt gezwungen. Professor Milan Opocensky, der sich während des Überfalls im Ausland aufhielt, kehrte vorerst nicht in die ČSSR zurück.

Die Mehrheit in der CFK verhielt sich unbiblisch diplomatisch. Erschreckend, wie viele Moskau-treu den Einmarsch bejubelten, darunter – soll man lachen, soll man weinen? – auch der schwerreiche Kaufmann und indische CFK-Vorsitzende Abraham K. Thampy aus Madras, der viele Reitpferde besaß. Sein schnellstes Pferd hatte er voreilig auf den Namen Dubcek getauft – sehr zum Leidwesen der neuen Prager CFK-Führung, die nicht wollte, daß Thampy seinen Dubcek ins Rennen schickte, aber er blieb bei diesem Namen.

Wenn heute bestimmte Leute die CFK-Geschichte darstellen, verbreiten sie manche Verfälschungen und Unwahrheiten. Wer sich informieren will, kann vielleicht in Biblio-
theken das Buch »Christliche Friedenskonferenz 1968–1971«
finden, eine Dokumentation, die von jenen zusammenge-
stellt worden ist, die nach 1968 aus der CFK austraten oder
rausgeschmissen wurden. Empfehlenswert ist darüber hinaus eine Buchbesprechung von Pfarrer i. R. Theodor Immer, Mitherausgeber der hervorragenden ökumenischen
Monatszeitschrift »Junge Kirche«. In der Ausgabe 7/8/1994
rezensiert er Reinhard Scheerers »Gott schreibt auf krum-
men Linien gerade – Zur Geschichte der CFK«. Immer hält
den CFK-»Nachfolgenden« vor, nichts mehr von Josef zu
wissen (2. Buch Mose 1, 8b), »auch nicht von Josef Hromádka«. Nicht das Buch von Scheerer, wohl aber die Bespre-
chung von Immer ist ein wichtiger Beitrag zur Kirchenge-
schichte.

Die SED und DKP Jesu Christi

Nach zehn Jahren Wartezeit trat ich 1978 dem westdeutschen Zweig der CFK wieder bei. Ich versuchte zu verstehen. Ich versuchte zu vermitteln. Ich versuchte mit den
CFKlern zu beten, mich mit ihnen auseinderzusetzen. Aber
es war sehr schwierig. Aufgrund meiner theologischen Einstellung wurde ich nicht mit offenen Armen empfangen.
Ich wollte an internationalen CFK-Konferenzen teilnehmen, wurde aber nicht delegiert. Schon vor der Abstim-
mung stand fest, wer – meist per Akklamation – gewählt
wurde. Ich hatte immer das Gefühl, daß man in den CFK-
Kreisen in Ost- und Westdeutschland meinte, daß Jesus
Mitglied der SED und Paulus Mitglied der DDR-CDU sei.
Eine Kritik am System der DDR und der UdSSR – und war
sie noch so klein – war verboten.
   Die CFK ließ sich die internationalen Konferenzen sechs-
stellige Summen kosten. Die meisten Delegierten erhielten einen Reisekostenzuschuß und freie Unterkunft von

der Prager Zentrale. Wie mir der US-Pfarrer Christoph Schmauch, stellvertretender Generalsekretär der internationalen CFK, bestätigte, haben die meisten nordamerikanischen CFK-Delegierten die Reisen zu diesen Konferenzen nur unternommen, weil sie die Kosten nicht tragen mußten. Das Geld wurde teilweise in Devisen, teilweise in Ostblock-Geldern, wie wir jetzt wissen, von kommunistischen Parteien der Länder und teilweise von der russisch-orthodoxen Kirche bezahlt, die wiederum Mittel von der Moskauer Regierung erhielt.

1992 schrieb ich frech einen Brief an Gorbatschow mit der Bitte um Einsicht in die Akten des Geheimdienstes KGB in Sachen Finanzierung von Kirchen, vor allem der CFK, im einstigen Ostblock. Nach einigen Monaten erhielt ich erstaunlicherweise die Erlaubnis dazu. Mit Hilfe eines russisch-orthodoxen Priesters, der jahrelang in einem Straflager gewesen war, weil er der staatsergebenen Kirche nicht paßte, sah ich tagelang die Akten ein. Unglaublich, wie viele Millionen US-Dollar über den tschechischen Geheimdienst an die CFK in Prag geflossen waren, aber auch an andere Kirchen im Ostblock, außer der DDR. (Neben vielem Ungeheuerlichen entdeckte ich auch manches, was eigentlich nicht der Rede wert ist. Die Geheimdienstler waren angewiesen worden, herauszufinden, was mein Satz in einem abgehörten Telefongespräch »Bitte nur Käsebrote mit Margarine, mir ist das russische Essen immer zuviel« zu bedeuten hätte. Meine Eßgewohnheiten gaben dem KGB ein Rätsel auf.)

Wie gesagt, nach meinen Wiedereintritt in die CFK 1978 versuchte ich, auf verschiedenen CFK-Konferenzen als Nicht-Delegierter dabeizusein. Da ich keine offizielle Einladung hatte, fuhr ich einmal nach Prag, ein anderes Mal nach Moskau und wurde wieder zurückgeschickt. Die Argumente, die mir entgegengehalten wurden, und zwar Jahr für Jahr immer dieselben, waren: Es sei natürlich richtig, gegen US-amerikanische Interventionen in Vietnam, Grenada oder Panama zu protestieren, aber ich sollte dazu schweigen, was sowjetische Truppen in Afghanistan anrichteten und was ich dort selbst bei zwei Besuchen in Erfahrung gebracht hatte – als sei das Gottes Wille, Kinderspiel-Bomben abzuwerfen. Ich war empört und machte meiner Empörung Luft.

1985 wollte ich an der 6. Allchristlichen Friedenskonferenz der CFK in Prag teilnehmen. Mit dem damaligen Generalsekretär der internationalen CFK, Pfarrer Lubomir Mirejovsky, einen linientreuen Kommunisten, führte ich deshalb einen Schriftwechsel. Ich bekniete die westdeutsche CFK, telefonierte mit der ostdeutschen – ohne Erfolg. Erst wenige Tage vor Beginn der Konferenz erhielt ich einen Brief, in dem mir mitgeteilt wurde, ich dürfe aufgrund der Tatsache, daß ich 1958 Gründungsmitglied gewesen sei, als »Journalist« teilnehmen. Bis heute weiß ich nicht, welche Zeitung ich als Journalist vertreten habe.

Die CFK hat in vielen Ländern in krimineller Weise zu Mord und Totschlag geschwiegen. Ich habe mit zahlreichen CFK-Vertretern das Gespräch gesucht, so auch in Prag 1985. Ich redete mit den Vertretern Bulgariens, und zwar mit dem Patriarchen und zwei Metropoliten. Sie wollten nichts von politischen Gefangenen in ihrem Land wissen, auch nichts von dem unsicheren Kernkraftwerk dort. Ohne eine Verabschiedung wandten sie sich nach ein paar Sätzen ab. Ich sprach mit dem – inzwischen gestürzten – internationalen CFK-Präsidenten, dem evangelischen Bischof Karoly Toth, und zwei weiteren Bischöfen aus Ungarn. Sie reagierten ähnlich wie ihre bulgarischen Kollegen. Die Unterhaltung mit zwei Metropoliten aus Rumänien wurde nach zwei Minuten von ihnen beendet. Sie waren wenigstens so ehrlich, daß sie sagten: »Wir müssen schweigen.« Die Vertreter der russisch-orthodoxen Kirche lehnten sowieso ein Gespräch mit mir ab, weil sie meine Einstellung schon Jahre zuvor bei privaten Besuchen in Moskau und in Kiew kennengelernt hatten, unter ihnen der CFK-Funktionär Filaret (Kiew), seines Zeichens Metropolit und Mitarbeiter des Geheimdienstes KGB. Ähnlich verlief das Gespräch mit dem jugoslawischen Erzpriester. Der Vertreter aus China wollte keine Auskunft geben, warum der weltberühmte anglikanische Bischof Ding nicht nach Prag kommen durfte. Der nordkoreanische CFK-Vertreter hatte zumindest den Mut zu sagen, daß die Kirche in seinem Land nur das tun könne, was die Regierung vorschreibt. Offener waren auch die CFK-Vertreter der kubanischen Kirche, die Schwierigkeiten im Verhältnis Kirche-Staat ebensowenig leugneten wie die Tatsache, daß es auf Kuba politische Gefangenen gibt. Hervorragend war das Gespräch mit den CFK-Vertretern des damals noch sozialistischen Nicaragua. Sie sicherten zu, Menschenrechtsverletzungen nicht hinzunehmen. Ich bekam von ihnen später einen Brief, der eine oder andere Mißstand sei inzwischen abgeschafft worden.

Bei der Prager Konferenz 1985 machten ost- und westdeutsche CFK-Delegierte antisemitische Äußerungen gegen Israel. Der holländische Theologe Prof. Albert Rasker intervenierte. Neben mir saß als Beobachter der pommerschen evangelischen Kirche Oberkonsistorialrat Plath aus Greifswald. »Sie müssen sich für Ihre westdeutsche CFK schämen«, sagte er mir, »ich mich für meine ostdeutsche.« In der Tat.

Die CFK hat, das will ich nicht leugnen, hier und da Positives geleistet. Sie war jedoch in der Bundesrepublik eindeutig DKP-orientiert und hat sich in der DDR feige angepaßt. Sie hat sich nie auf die Seite der christlichen Friedensbewegung »Schwerter zu Pflugscharen« in der DDR gestellt, sondern stets mit dem SED- und DDR-CDU-nahen »Deutschen Friedensrat« paktiert. Noch am 7. Februar 1988 schrieben verschiedene CFK-, DDR-CDU- und SED-nahe Theologen einen Offenen Brief an Bischof Gottfried Forck. Hierin wurde er beschimpft für sein Verhalten, für seine Predigten, vor allem für die am 30. Januar 1988 in der Berliner Gethsemanekirche, als er sich vor die christliche Friedensbewegung gestellt hatte. Der Kirche wurde vorgehalten, sie befinde sich auf einem »Irrweg« zu einer »restaurativen und gegenrevolutionären Institution« in der DDR.

Es bestehe die Gefahr, daß ausgerechnet vom Boden der Berlin-brandenburgischen Kirche ein neuer Kalter Krieg ausgehe. Dieser Offene Brief trägt die Unterschrift von den CFK-Mitgliedern Prof. theol. Bassarak, Pfarrer Heilmann, Pfarrer Schottstädt (DDR-CDU), Pfarrer Krispin (DDR-CDU), Professor theol. Hanfried Müller und vielen anderen – ein Skandal.

Als ich Mitte der achtziger Jahre nach einem Gespräch mit dem polnischen Elektriker und späteren Präsidenten Lech Walesa mit dem Solidarnosz-Abzeichen bei Einladungen in DDR-Kirchengemeinden gesehen wurde, fand ich Zustimmung bei meinen Zuhörern. Die CFK-Pfarrer versuchten jedoch, mich zu zwingen, das Abzeichen abzunehmen. In Abänderung des Bibelwortes von Jesus Christus »In der Welt habt ihr Angst, aber seid getrost, ich habe die Welt überwunden« könnte man sagen: »In der CFK habt ihr Angst, aber seid getrost, ich habe die CFK überwunden!«

Für ihr Wohlverhalten der DDR-Regierung gegenüber wurden die CFK-Führer belohnt. West-Reisen waren für sie überhaupt kein Problem, während die Leitung des Bundes der Evangelischen Kirchen der DDR im Normalfall lange darauf warten mußte, bis das SED-Staatssekretariat für Kirchenfragen eine Ausreisegenehmigung erteilte, und das meistens auch erst wenige Minuten, bevor es losgehen sollte.

Nach der »Wende« im Osten wurde offensichtlich, wer ein Interesse daran gehabt hatte, die CFK zu sponsern, und zwar kräftig. 90 Prozent der CFK-Mittel kamen nachweislich – ich habe das bei meinen Besuchen in verschiedenen osteuropäischen Ländern selbst recherchiert – direkt oder indirekt von den kommunistischen Regierungen des Ostblocks. Und als der nicht mehr existierte, brach fast alles zusammen. Die CFK-nahen Zeitungen »Neue Gemeinde« (West) und »Evangelischer Standpunkt« (Ost) gingen pleite, weil die Finanzspritzen der SED ausblieben.

In diesem Zusammenhang sollte erwähnt werden, daß es der russischen CFK wie auch der russisch-orthodoxen

Kirche hoch anzurechnen ist, daß sie sich »vom Erbe des Totalitarismus befreien« wollen. Die Kirche hat zur Buße aufgerufen, damit sich die Fehler der Vergangenheit nicht wiederholen. Etliche Geistliche, darunter auch mehrere höhere Metropoliten, sind zurückgetreten.

Man könnte das Problem CFK und ihre anpasserische Chamäleon-Theologie vergessen, wenn sich die weltweite CFK aufgelöst hätte, was das Beste wäre, oder sich ihre Vertreter zu Buße und Umkehr bereit zeigten. Aber dem scheint nicht so zu sein. Außer dem langjährigen Sekretär der CFK-Regionalkonferenz in der DDR, dem Mitglied der DDR-CDU und der evangelischen freien Methodistenkirche, Carl Ordnung, übte kaum einer öffentlich Selbstkritik. Viele CFK-Mitglieder haben sich als Super-Wendehälse erwiesen. Sie versuchen innerhalb der CFK und in ihren Gemeinden weiterzumachen, als sei nichts passiert. Diese theologischen Mogelpackungen streben Positionen in hohen Gremien der Kirche an. Ihnen fehlt jegliches Unrechtsbewußtsein – ähnlich wie vielen Politikern der einstigen Blockparteien und vielen Stasi-Terroristen.

In der »Frankfurter Rundschau« erschien am 18. September 1992 eine Anzeige mit dem Titel »Erklärung zum Fall Honecker«, in der unter anderem von der »Verschleppung Honeckers von Moskau nach Berlin« gesprochen wird. Mitunterzeichner die CFK-Mitglieder Hannelies Schulte, Theologin aus Heidelberg, Pfarrer Drewes (Bremen) und Pfarrerin Renate Schönfeld aus Groß-Ziethen (Brandenburg). Diese drei sollten zurücktreten, ebenso wie Pfarrer Oeffler (Kaiserslautern), Pfarrerin Tschäpe (Klein-Schwarzenlose), Superintendent Saß (Selm), Pfarrer v. Zobeltitz, Pfarrer Bertzbach (beide Bremen), Pfarrerin Horsta Krum, Professor Heiner Fink, Pfarrerin Ilsegret Fink, Professor Kaltenborn, Professor Bassarak, Pfarrer Hickel, Pfarrerin Ruys, Klaus Ehler (alle Berlin), Pfarrer Rolf-Dieter Günther (Potsdam), Pfarrer Haupt (Erfurt), Pfarrer Lange (Prag), Dozent Peter Zimmermann (Leipzig), Pfarrer Stefan Müller (Masserberg), Pfarrer W. Wittenberger (Grimma), Dr. med. Kähler (Jena), Dr. Gerd Gries (Magdeburg), Pfarrer Franz (Kapellendorf) und Hannelore Heinrich (Erfurt).

Die Kirche Ostdeutschlands hat seit 1968 sehr unter den falschen CFK-Propheten gelitten. Wenn heute geistliche Besser-Wessis über die angebliche kirchliche Anpassung an das staatliche System der DDR schwadronieren, sollten sie die CFK beim Namen nennen und den Bund der Evangelischen Kirchen in der DDR aus dem Spiel lassen. Die CFK war nie Teil der Kirche, und die evangelischen Kirchen in der DDR haben als einzige im Ostblock niemals als kooperatives Mitglied zur CFK gehört. Die leitenden Bischöfe wie Werner Krusche, Johannes Hempel, Christoph Demke oder Christoph Stier waren keine Mitglieder der CFK. Albrecht Schönherr war, wie ich, Mitglied und trat 1968 aus.

Darauf hat auch der ehemalige Präses der Synode der Kirchenprovinz Sachsen und heutige Ministerpräsident von Sachsen-Anhalt, Reinhard Höppner (SPD), hingewiesen. Im September 1994 forderte er die Kirchen und Christen in den alten Bundesländern zu »mehr Ehrlichkeit beim Erinnern« auf. Konservativ geprägte Gruppen würden »gerne wegwischen«, daß politisch engagierte Christen die »Wende« im Jahr 1989 herbeigeführt hätten. »Für konservative Christen, die eigentlich gegen das politische Mandat von Kirchen sind, paßt es nicht in ihr Weltbild, daß politisch engagierte Christen wesentlich zur Einheit beigetragen haben.«

Sind wir noch brauchbar?

Natürlich mußte nach der »Wende« 1989 alles schnell gehen, vor allem in puncto politische Vereinigung. Die Frage bleibt für mich, ob es nicht doch falsch war, die evangelischen Kirchen Ost und West so schnell zu vereinigen, und dann noch zu den Bedingungen der West-Kirche. Die geistliche Befruchtung aus dem Osten, die für die westliche

Kirche so notwendig gewesen wäre, ist ausgeblieben. Schlimmer noch, die großen Erfahrungen der ostdeutschen Christen sind von den Brüdern und Schwestern im Westen in den Mülleimer gepfeffert worden. Früher gab es zum Beispiel im Osten nicht diese Kluft zwischen Pfarrern und anderen kirchlichen Mitarbeitern. Jetzt wird bei den Gehältern ein deutlicher Unterschied gemacht. Die Kirchensteuer wurde eingeführt, genauso der ganze furchtbare westliche Verwaltungsapparat. Die Pfarrer werden verbeamtet. Die kirchlichen Hochschulen sind dichtgemacht worden. Die Strukturen der West-Kirche sind der Ost-Kirche übergestülpt worden.

Die einstige »Kirche im Sozialismus« ist jetzt eine »Kirche in einem neuen Kapitalismus«, konfrontiert mit Problemen wie Komsumterrorismus, Arbeitslosigkeit, zunehmender Armut, Rassismus und Ausgrenzung gesellschaftlicher Gruppen. Sie ist, wie Reinhard Höppner es formulierte, in eine »tiefe, anhaltende Krise« geraten, zu sehr mit sich selbst beschäftigt. Zwischen der Zeit, als die Gethsemanekirche in Berlin oder die Nikolaikirche in Leipzig überfüllt waren, und heute, scheinen Welten zu liegen.

»Wir sind stumme Zeugen böser Taten gewesen, wir sind mit vielen Wassern gewaschen, wir haben die Künste der Verstellung und der mehrdeutigen Rede gelernt, wir sind durch Erfahrung mißtrauisch gegen die Menschen geworden und mußten ihnen die Wahrheit und das freie Wort oft schuldig bleiben, wir sind durch unerträgliche Konflikte mürbe und vielleicht sogar zynisch geworden – sind wir noch brauchbar?« Das fragte Dietrich Bonhoeffer 1942. Darauf sollten wir heute eine Antwort zu geben versuchen.

Die Zahl der aktiven Christen nimmt in Ost wie West ab, die der A-Theisten, der gegenüber Gott Neutralen, steigt ständig. »Die evangelische Kirche ist heute schon von einer finsteren Wolke von Mißtrauen umgeben«, schrieb der evangelische Theologe Karl Barth im Januar 1930, und seine Worte sind aktueller denn je: »Ihre Führer sind blind und sehen nicht. Freuen sich des Vertrauens, das ihnen ein

Häuflein ›Kirchenvolk‹ entgegenzubringen scheint, indem es sich an den Sonn- und Feiertagen immer wieder erwartungsvoll zu ihren Füßen setzt – und sehen nicht, daß es sich auch und gerade bei diesem guten kleinbürgerlichen ›Kirchenvolk‹ um einen Rest von Vertrauen handelt, der auch noch schwinden kann und schwinden wird, wenn die Unerheblichkeit der ganzen kirchlichen Angelegenheit einmal erwiesen sein sollte.«

Ich möchte an dieser Stelle die Worte des Propheten Amos zitieren: »Ich bin euren Feiertagen gram und verachte sie und mag eure Versammlungen nicht riechen... Tu weg von mir das Geplärr deiner Lieder... Es ströme aber das Recht wie Wasser und die Gerechtigkeit wie ein strömender Bach.« (Amos 5, 21, 23 f.) Der äußerliche Gottesdienst, so der Prophet, tut's nicht. Die Kirche muß, so möchte ich ergänzen, wieder zur unbequemen Mahnerin werden.

Aids, Homosexualität und Heterosexualität

Man sagt immer, daß Aids eine Krankheit der Randgruppen ist, insbesondere der Schwulen und der Fixer. Das mag irgendwann einmal so gewesen sein, doch heute stellt sich die Situation anders dar. 70 Prozent aller Aids-Infektionen sind, darauf hat die Weltgesundheitsorganisation hingewiesen, auf heterosexuelle Kontakte zurückzuführen. Täglich infizieren sich rund 7000 Heranwachsende mit dem HI-Virus. Wie das Kinderhilfswerk der Vereinten Nationen (UNICEF) mitteilte, sind vor allem Kinder aus sozial schwachen Familien, Straßenkinder und Prostituierte gefährdet, allen voran in Schwarzafrika, wo nach groben Schätzungen des UN-Programms zur Bekämpfung der tödlichen Immunschwäche (UNAIDS) Ende 1998 insgesamt 22,5 Millionen Menschen HIV-infiziert waren – weltweit etwa 33,4 Millionen. Rund 2,5 Millionen Aidskranke sind 1998 gestorben, fast 99 Prozent davon in Dritten Welt, vor allem in Afrika. Dort sterben täglich 1000 Kinder an den Folgen von Aids, so UNICEF.

Wer von Aids als »Strafe Gottes« spricht, redet Schwachsinn. Die Angst vor Aids und alle Aufklärungskampagnen haben den Sextourismus überall in der Welt bisher nicht stoppen können. Nicht die Prostituierten sind die Aids-Bringer, sondern die Freier, die von Übersee, meist aus Europa und Nordamerika, kommen.

Die offiziellen Statistiken verharmlosen die Lage. In Uganda soll bereits heute jeder Zehnte der 16 Millionen Einwohner HIV-positiv sein. Für Asien, die bevölkerungsreichste Region der Welt, prophezeit die Weltgesundheitsorganisation noch höhere Infektionsraten, wenn nicht rasch gehandelt wird.

Am schlimmsten ist die Lage in Zimbabwe, wie ich bei meinem Besuch als Ehrengast der 50-Jahr-Feier des Weltkirchenrates 1998 erfahren habe. In dem südafrikanischen Land ist die Lebenserwartung auf 39 Jahre gesunken. 1994 lag sie noch bei 61 Jahren, so das US-amerikanische statistische Bundesamt, US Census Bureau. Ein Viertel der Bevölkerung (andere sprechen von 40 Prozent) ist HIV-infiziert, die Todesrate dadurch um das Dreifache gestiegen. Bei den meisten Todesopfern handelt es sich um Kinder, die über ihre Mütter infiziert worden sind, sowie um junge Männer. Für das Jahr 2010 befürchtet man einen weiteren Rückgang der Lebenserwartung auf nur noch 31 Jahre.

Wichtig ist eine breite Vorbeugung: Aufklärung, bessere gesundheitliche Versorgung, die Unterstützung der Betroffenen, um die Plage des 21. Jahrhunderts zu bekämpfen.

Doch was wird unternommen? Die Washingtoner Regierung verhinderte, daß der Welt-Aids-Kongreß an der Harvard-Universität in den USA durchgeführt wurde; man mußte ihn nach Amsterdam verlegen. In Deutschland werden der Aids-Hilfe die Mittel beschnitten. Für alles mögliche wird stundenlang TV-Werbung gemacht: Für Katzenfutter ist mehr Zeit da als für Aids-Aufklärung. Und Papst Johannes Paul II. bleibt auf seinem strikten Anti-Kondom-Kurs. Wieviel Unverstand, Ignoranz, Intoleranz und Dummheit behindern den Kampf gegen Aids!

Die Immunschwächekrankheit wird zu gern als ein Problem von Schwulen gesehen. Und Homosexualität – da schließt sich der Kreis wieder – wird vom Vatikan in einer Erklärung 1992 als »objektive Verirrung« bezeichnet. Auf deutsch: Der Vatikan verweigert auf der einen Seite bedrohtem Leben seinen Schutz, indem er Kondome zu Teufelswerk erklärt, betreibt aber andererseits – ich muß so deutlich werden – Hetze gegen Schwule, vor allem der katholische Bischof von Fulda, Dyba.

Schluß mit der Schwulen-Verfolgung

Schwule sind lange verfolgt worden, in Deutschland schon in der Kaiser-Zeit. Im »Dritten Reich« wurde unbarmherzig gegen sie vorgegangen; sie landeten in Konzentrationslagern und mußten den rosa Winkel auf der Häftlingskleidung tragen. Viele wurden von uns Deutschen ermordet. Sie sind die vergessenen Opfer des Nationalsozialismus.

Hitler selbst hatte Schwierigkeiten, seine latente Homosexualität zu verbergen. Der »Stabschef der SA«, Ernst Röhm, für seine Homosexualität weithin bekannt, wurde 1934 auf persönlichen Wunsch von Hitler, der sein Duzfreund war, in einer Kneipe mit Maschinengewehren umgebracht.

Das Kriegsende bedeutete für viele Menschen Befreiung, nicht so für die Schwulen. Sie mußten weiterhin vorsichtig sein. Der Paragraph 175 des Strafgesetzbuches galt wie in der Nazi-Zeit (in der DDR Paragraph 151). Schwule konnten damit auch keinen Antrag auf Wiedergutmachung stellen.

Selbst die Weltgesundheitsorganisation ging so weit, 1948 Homosexualität als eine Krankheit einzustufen. Erst 1991 wurde diese Position revidiert.

Die DDR war der erste deutsche Staat, der mit der Tradition der Schwulen-Verfolgung Schluß gemacht hat; in der Volkskammersitzung am 14. Dezember 1988 wurde der Homosexuellen-Paragraph ersatzlos gestrichen. Das Gesetz trat am 1. Juli 1989 in Kraft. In der Bundesrepublik sollte es noch einige Zeit länger dauern, bis diese rechtliche Diskriminierung von Homosexuellen endlich beseitigt wurde. Andere bestehen fort.

Im Juni 1992 wurde die neue Landesverfassung in Brandenburg durch Volksabstimmung beschlossen. In ihr wird die Benachteiligung von Menschen wegen ihrer »sexuellen Identität« ausdrücklich verboten. Das Grundgesetz der Bundesrepublik bietet den Schwulen bis heute keinen Schutz ihrer Menschen- und Bürgerrechte.

Von den Kirchen, vor allem in Deutschland und da wieder hauptsächlich in Westdeutschland, könnte man eigentlich ein Schuldbekenntnis verlangen, weil sie selbst Schwule diskriminieren oder, wie im »Dritten Reich«, zu Diskriminierungen geschwiegen haben.

Die große Mehrheit der katholischen Kirche grenzt noch heute Schwule aus. Als im Herbst 1991 während der Schlußandacht der Deutschen Bischofskonferenz einige Schwule gegen die Haltung der katholischen Kirche zu Homosexualität und Aids gewaltlos protestierten und Fernsehkamaras dieses Geschehen aufnehmen wollten, versuchten kirchliche Ordner, die Dreharbeiten zu behindern, und kirchliche Fahnenträger traten dem Kameramann in die Nieren und gegen die Beine.

Theologen und andere Mitarbeiter sind in vielen evangelischen Landeskirchen mit einem Berufsverbot belegt worden, weil sie sich zu ihrem Schwulsein bekannt haben. Über zahlreiche derartige Fälle ist in den Medien berichtet worden.

Die westdeutsche Kirche sollte von den Brüdern und Schwestern in der DDR lernen. Dort hat die Kirche schwulen Pfarrern Mut gemacht. Die pommersche Kirchenleitung hat als erste Landeskirche beschlossen – wenn auch nur mit einer Stimme Mehrheit –, keine schwulen Theologen vom Pfarramt auszuschließen. Der Greifswalder Oberkonsistorialrat Christoph Ericht sagte, die Kirche müsse zeigen, »ob sie die geistige Kraft hat, mit bestimmten Heucheleien und Bigotterien Schluß zu machen, indem Dinge, die es immer gab, nun offen benannt werden«. Die protestantischen Kirchen der Niederlande haben schon Anfang der achtziger Jahre ähnlich entschieden.

Erfreulich ist die Erklärung der evangelischen Kirche in Brandenburg von 1991: »Homosexualität ist weder sündhaft noch krankhaft, sondern nur ein anderer Ausdruck menschlicher Sexualität.« Sehr zu begrüßen ist auch, daß die Evangelische Kirche im Rheinland – mit 3,2 Millionen Mitgliedern die zweitgrößte in Deutschland – auf ihrer

Landessynode im Januar 1992 ein Arbeitspapier unter dem Titel »Homosexuelle Liebe« nahezu einstimmig verabschiedet hat. Peter Beier, Präses (das höchste theologische Amt) der rheinischen Kirche, gab zu, daß viele Homosexuelle unter der Heuchelei der Kirche leiden müßten. Wer das ganze Neue Testament als Grundlage nehme, wisse, daß Schwulsein keine Sünde ist. – Als die rheinische evangelische Kirchenzeitung »Der Weg« über die Landessynode und das Thema Homosexualität berichtete, weigerten sich einige Austräger, das Sonntagsblatt zuzustellen. Einige Abonnenten kündigten.

Daß sich die Einstellung Schwulen gegenüber in kirchlichen Kreisen Deutschlands ändert, ist wesentlich der ökumenischen Arbeitsgemeinschaft »Kirche und Homosexualität« zu verdanken, die immer wieder auf katholischen und evangelischen Kirchentagen Position bezogen hat. Wichtig sind auch die Schriften »Homosexuelle in der Kirche?«, herausgegeben von der Aktion Sühnezeichen bei der Theologischen Studienabteilung beim Bund der Evangelischen Kirchen in der DDR, und »Kirche – Macht – Sexualität« des katholischen Bensberger Kreises. Letztere spricht sich für die Vielfalt menschlicher sexueller Lebensformen (mögen diese homo-, hetero- oder autosexuell sein, ehelich oder nicht ehelich) aus.

Sex ist ein Geschenk Gottes

Schon im Alten Testament ist über Jonathan, den Sohn von König Saul, zu lesen: »Jonathan liebte David wie sein eigenes Leben . . . Jonathan schloß mit David einen Bund, weil er ihn wie sein eigenes Leben liebte.« (1. Samuel 18, 1 + 3) Und David klagte nach Jonathans Tod: »Du warst mir sehr lieb. Wunderbarer war deine Liebe für mich als die Liebe der Frauen.« (2. Samuel 1, 26)

Jesus hat viel geflucht über die Reichen im Neuen Testament, aber nie über die Lesben und Schwulen. Doch viele Pfarrer weigern sich heute, theologisch zu arbeiten, und lehnen es ab, die Sexualwissenschaft zur Kenntnis zu nehmen. Ihnen ist jede Bibelstelle recht, um gegen die Homosexualität zu Felde zu ziehen. Mit ihrer atheistischen Kochbuchtheologie wollen sie alles beweisen, auch ihre althergebrachten Vorurteile.

In der Bundesrepublik lieben wissenschaftlichen Untersuchungen zufolge fünf Prozent der Bevölkerung homosexuell. Einer anderen Studie zufolge sind es 1991 zwei Millionen Homosexuelle in Deutschland gewesen. (Ich benutze meist lieber Worte wie schwul und lesbisch, da bei dem Wort homosexuell immer das Sexuelle so betont wird, was bei diesen Menschen wie auch bei Heterosexuellen doch nicht das Wichtigste im Leben ist. Man würde ja auch nicht über einen Bundeskanzler oder über einen Bundespräsidenten oder über einen Bürgermeister ständig sagen, daß er heterosexuell ist.) Das heißt: Der Gemeindepfarrer, der am Sonntag vor – sagen wir – 20 oder 40 Gottesdienstbesuchern und -besucherinnen predigt, hat wahrscheinlich einen oder zwei Schwule vor sich. Gleiches gilt für den Lehrer im Unterricht.

Wer Jesu Liebe ernstnimmt, kann Schwule und Lesben doch nicht als pervers und sündig an den Pranger stellen. Jesus würde nie eine Gesellschaft gutheißen, in der es völlig in Ordnung ist, einen Hund zu streicheln, es aber auf Abscheu stößt, wenn ein Mann einen anderen Mann streichelt. Die Liebe Gottes gilt allen! Sexualität, ganz gleich welcher Art, ist etwas Großartiges und Schönes, ein Vergnügen, ein Geschenk Gottes, auch wenn sie sich nicht auf Fortpflanzung ausrichtet. Deshalb sollte die Kirche einen fröhlichen, gewaltlosen Sex unterstützen und schwulen und lesbischen Christen ermöglichen, ihre Lebenspartnerschaft zu leben. Es wäre doch schlimm, wenn ein schwules Paar, gleich ob zwei Männer oder zwei Frauen, nicht gesegnet werden dürfte, wenn man daran denkt, daß die zwei Piloten, die die Todesmission mit dem Abwurf der Atombomben über Hiroshima und Nagasaki geflogen sind, vorher und nachher ihren evangelischen und katholischen militärgeistlichen Segen bekommen haben. Was würde Jesus dazu sagen?

Ich behaupte, manche sexuelle Vergewaltigung könnte heute verhindert werden, wenn man die Onanie, die Selbstbefriedigung, nicht stets so verteufeln würde. Gleichzeitig ein klares Nein zum sexuellen Verkehr mit Kindern (damit meine ich auch Jugendliche im Alter von 14, 15 Jahren). Ich habe genügend Sextouristen in Asien und Lateinamerika gesehen, die sich schamlos an Kindern vergingen. Daß selbst Kinder und Kleinstkinder hierzulande von ihren eigenen Eltern mißbraucht werden, stinkt gen Himmel. Hier treten Brutalität, Unterdrückung und Gewalt hervor, geraten Menschen sexuell in Not. Hier zeigt sich die Perversität der Gesellschaft – nicht in den Schwulen.

Die Schwulen und Lesben dürfen nicht länger BürgerInnen zweiter Klasse sein. Ihre Diskriminierung muß unter Strafe gestellt werden. (Was oft nicht zur Kenntnis genommen wird: Es gibt nicht nur gewaltsame Ausschreitungen von Neonazis gegenüber Ausländern und Asylsuchenden, auch Schwule sind ihre Opfer. Die »Frankfurter Rundschau« meldete im November 1994, daß jährlich 30 Homosexuelle in der Bundesrepublik ermordet werden; die Täter sind meist männliche Jugendliche im Alter von 14 bis 19 Jahren.)

Ich halte das »Outing«, wie es Rosa von Praunheim und andere praktizieren, nicht für gut. Viele – auch Prominente – haben sich dazu bekannt, daß sie schwul oder lesbisch sind, von Inge Meysel über Martina Navratilova und Leonard Bernstein bis zu Alfred Biolek. (Ich könnte Seiten mit ihren Namen füllen.) Nur, man sollte diejenigen, die sich nicht zu ihrem »Anderssein« bekennen, in Ruhe lassen. Man sollte aufhören, die Homosexualität zu problematisieren. Schwulsein ist eine mehr oder weniger selbstverständliche Lebensart. Es gibt andere Probleme, die wichtiger sind!

Ich befürworte die Gleichstellung homosexueller Lebensgemeinschaften. Als die katholische Bundestagspräsidentin Rita Süßmuth (CDU) diese Lebensform Mitte 1991 bejahte, wurde sie von Edmund Stoiber (CSU) hart attackiert. Die Junge Union in München, die Frau Süßmuth zu einem Vortrag zu einem anderen Thema eingeladen hatte, lud sie wieder aus. Eine unglaubliche Homophobie (Homosexuellen-Feindlichkeit).

Es stellt eine schlimme Diskriminierung dar, daß im Sommer 1994 das CDU-Parteigericht beschloß, daß der 23jährige Gero Furchheim im erzkonservativen rheinischen Meerbusch nicht für den Stadtrat kandidieren dürfe, weil er schwul sei. Das CDU-Parteischiedsgericht in Krefeld hob das Urteil auf.

Die Kirche muß auch in diesem Punkt aufhören, immer mit der Mehrheit gehen zu wollen. Notfalls müssen einige Pfarrer und Pfarrinnen wie auch die sogenannten Laien eigene Wege gehen und ungehorsam der offiziellen Kirche gegenüber sein, und das im Namen Jesu Christi!

Ich hoffe, daß die Zahl der Bußfertigen, die zur Umkehr bereit sind und aus der Geschichte der Schwulen-Verfolgung lernen wollen, wächst. Erste Zeichen sind gesetzt.

Gesegnete Unruhe

Ich spreche als einer, der »Gesegnete Unruhe« wünscht, der nicht sein eigener Sohn sein möchte und der glaubt, daß wir eine narkotisierte Gesellschaft, das heißt eine betäubte Gruppe Menschen sind. Unsere Nationalhymne lautet nicht »Einigkeit und Recht und Freiheit«, sondern »Don't worry, be happy«.

Ich möchte nicht von dieser Welt abtreten, ohne das zu beschreiben, was mir wichtig ist, auch im Blick auf die Zukunft. Ich will warnen. Ich will attackieren. Ich bin oft nicht sachlich und höflich. Ich polemisiere, wähle gelegentlich scharfe Formulierungen. Einige werden sich abwenden, vor allem die Ewiggestrigen meiner Versager-Generation und mancher Yuppie, andere erkennen hoffentlich, daß es nicht mehr fünf vor zwölf auf Gottes Uhr (und wenn sie nicht an ihn glauben: auf der Menschheitsuhr) ist, sondern 60 Sekunden vor zwölf. Mögen sie endlich ihr Hinterteil in Bewegung setzen, nicht nur betend ihre Hände in den Schoß legen. Denn obwohl auch ich täglich bete, bleibt für mich – da wiederhole ich mich gern – Beten Heuchelei, wenn keine Aktion folgt, wie der von uns Deutschen hingerichtete Pater Delp einmal sagte.

Ich engagiere mich sehr stark parteipolitisch, obwohl ich nie einer politischen Partei angehört habe, weder im »Dritten Reich« noch im »Vierten Reich«. Ich würde mich als liberal-konservativen Radikaldemokraten bezeichnen, theologisch als Frommen, fast als Evangelikalen. Ich glaube – man mag mir verzeihen – immer noch an die Jungfrauengeburt, daß Jesus von den Toten auferstanden ist und daß es ein Leben nach dem Tod gibt. »Ich schäme mich des Evangeliums von Christus nicht; denn es ist eine Kraft Gottes, die da seelig macht alle, die daran glauben.« (Römer 1, 16)

Die Tatsache, daß ich noch einigermaßen gesund lebe, besagt vielleicht, daß ich doch nicht genug gebetet und laut genug protestiert habe. Jesus starb für seinen lebenslangen Protest im Namen Gottes bereits mit Anfang 30.

Wir, die wir uns Christen nennen, sollten die Bergpredigt auswendig lernen, statt für immer und ewig dem »Seid untertan der Obrigkeit« (Römer 13, 1) Folge zu leisten. Unsere Regierung ist von einer Mehrheit gewählt worden. Sie wird von unseren Steuergeldern bezahlt. Der Kanzler ist mein Angestellter. Und wenn er nicht endlich – um ein paar wichtige Beispiele zu nennen – den todbringenden deutschen Rüstungsexporten ein Ende setzt, der lebensvernichtenden Umweltzerstörung Einhalt gebietet, einen klaren Anti-Atom-Kurs einschlägt, den Flüchtlingen wieder das Asylrecht zugesteht, den Obdachlosen ein Dach über dem Kopf bietet, der Jugend eine Perspektive . . . , vor allem aber dafür sorgt, daß den von uns zu verantwortenden Kriegen, dem Hunger und Elend, der Ausbeutung in der Dritten Welt ein Ende gesetzt werden, dann müssen wir unseren Obrigkeitskomplex überwinden und uns Apostelgeschichte 5, 29 in Erinnerung rufen, »daß wir Gott mehr zu gehorchen haben als den Menschen«. Dann müssen wir den vollkommen überbezahlten Kanzler feuern. Das wäre gelebte Demokratie.

Kohl wurde im November 1994 zum fünften Mal zum Regierungschef gewählt. Wir Deutschen bekamen die Regierung, die wir verdient hatten – keine gute. Vor fünf Jahren schrieb ich an dieser Stelle: »Wir leben in einer Republik, deren Skandale, deren Korruption, deren Filz gen Himmel stinken. Das alles gedeiht prächtig auf dem Mist unserer nicht aufgearbeiteten Geschichte.« In Buch Jesus Schirach der Bibel heißt es in Kapitel 40, Vers 14: »Sie sind fröhlich, so lange sie Geschenke nehmen, aber zuletzt gehen sie doch zu Boden.« Der jüngste CDU-Parteispendenskandal zeigt das. Wann streicht diese Partei endlich das »C« aus ihrem Namen?

Jetzt regiert im Bund Rotgrün. Ob diese Bundesregierung tatsächlich die brennenden Probleme unserer Zeit – ob es um Rüstungsexporte, Atom-Ausstieg oder die Asylpolitik geht – anpackt und zu lösen sucht, wird sie erst noch beweisen müssen. Sie war es, die die Bundeswehr 1999 in einen völkerrechtlich nicht legitimierten NATO-Krieg gegen Jugoslawien schickte, nachdem die westliche Balkan-Politik erbärmlich versagt hatte. (Wo war da eigentlich die Friedensbewegung?) Eine Katastrophe! Zehn Jahre lang ließ man den jugoslawischen Präsidenten Milosevic gewähren; er hat das Land in einem Schlachthof verwandelt. Als alles zu spät war, sollten ihn 700 Kampfflugzeuge wegbomben – Kosten: eine Milliarde Mark am Tag. Sie trafen andere!

Ich besuchte Belgrad während der Angriffe, die Auffanglager für die Kosovo-Flüchtlinge in Mazedonien und Albanien. Was ich sah, was man mir berichtete, war grausam, ja schlimmer als das, was ich in Vietnam während des Krieges erlebte. Als ich spontan bedrängten Flüchtlingen zu Hilfe kommen wollte, traf mich ein Gewehrkolben im Rücken.

Ich bleibe dabei: Krieg und Gewalt lösen nichts. Kein Krieg ist heilig, keiner ist gerecht. Kireg ist gegen den Willen Gottes!

»Meister, was soll ich tun?«

Ich kann nur immer wieder sagen: Habt Ehrfurcht vor dem Leben! Verschwört euch für den Frieden! Streitet für Gerechtigkeit! Mischt euch ein, leistet gewaltfreien Widerstand! Nehmt euch nicht meine Versager-Generation zum Vorbild!

Ich habe die Zeit des Nationalsozialismus erlebt. Ich zähle zu einem Jahrgang (1925 und älter), der seinen Mund nicht aufgekriegt hat. Auch in der DDR hat es eine Versager-Generation gegeben. Weil sie weitgehend schwieg, wurde die Stasi stark und mächtig. Doch die heute 40- bis 45jährigen in Ost und West sind nicht besser, streiten satt in ihren

Sesseln sitzend, Chips knabbernd, um den Weltmeister im Mitlaufen, über ihre Mattscheibe flimmern die Sterbenden in Ruanda.

Die Jugend sollte aus den Fehlern unserer Geschichte lernen. Nach 1945 und 1989 darf es nicht die dritte große Verdrängung geben: des absichtlichen Verhungernlassens und der ökologischen Katastrophe.

Wir müssen die Zeit des Ost-Totalitarismus aufarbeiten, auch seine weiche westliche Variante, die zu gern unter den Teppich gekehrt wird. In der alten Bundesrepublik konnten viele Nazis hohe Positionen in Politik, Wirtschaft, Wissenschaft und Kultur einnehmen. In den fünfziger und sechziger Jahren wurden bei uns im Westen eine halbe Million Leute politisch gnadenlos verfolgt, wie schon bei den Nazis, weil sie Kommunisten oder ihre »Sympathisanten« waren. Ich erinnere mich noch an eine evangelische Frau aus Westdeutschland, die in den fünfziger Jahren Gefängnis ohne Bewährung erhielt, weil sie mit ihren Kindern an einem einwöchigen FDJ-Ferienlager in der DDR teilgenommen hatte. In jedes Schulbuch über bundesdeutsche Geschichte gehört folgendes Zitat des britischen Nobelpreisträgers Bertrand Russell aus dem Jahr 1963: »Jeder, der die Menschenrechte und die Freiheit schätzt, ist zur Unterstützung der politischen Gefangenen in Westdeutschland verpflichtet. Es ist entsetzlich, daß diejenigen, die gegen den irrsinnigen Kalten Krieg, gegen die Atompolitik Westdeutschlands wirken, politischen Verfolgungen ausgesetzt sind und aufgrund solcher vagen Beschuldigungen wie der ›Staatsgefährdung‹ vor Gericht gestellt werden können.«

Ich möchte auch an die »Berufsverbote« erinnern, beschlossen von einer Regierung, der Willy Brandt (SPD) vorstand, jemand, der mutig gegen Nazi-Deutschland gekämpft hat.

Die Geschichte dieser Bundesrepublik beschränkt sich nicht allein auf das Wirtschaftswunder. Mit dem ewigen Tanz um das goldene Kalb ist es nicht getan. Vielmehr müssen wir die uns umgebenden schleichenden Gefahren besser erkennen.

Wir müssen die junge Generation ermutigen, das Abenteuer zu suchen, die Welt zu erleben, aber nicht aus der Perspektive eines reichen Touristen, sondern als Lernende mit einem bescheidenen Taschengeld, für ein, zwei, drei Jahre an ausländischen Schulen und Universitäten, als Friedens- und Entwicklungsdienstleistende in bosnischen Frauenhäusern, New Yorker Suppenküchen oder bei den Straßenkindern in Rio de Janeiro, Sankt Petersburg und Bukarest, als Dienende von Menschen, die sich selbst nicht helfen können, als Freiwillige von Greenpeace, Aktion Sühnezeichen, Eirene, Cap Anamur oder Weltfriedensdienst, meinetwegen auch als Baumfäller, Tellerwäscher und Aushilfskellner ... Möglichkeiten gibt es genug!

Wer auf diese Weise längere Zeit im Ausland verbracht hat und nach Deutschland zurückkehrt, wird dieses Land mit ganz anderen Augen sehen. Er oder sie wird sich hier fremd fühlen. Diese gottlose Zuschauer-Demokratie, diese bewußtlose Konsumgesellschaft suggieriert dem einzelnen unendliche Freiheit – in Wahrheit sitzen alle in einem goldenen Käfig, ohne Hoffnung auf ein sinnerfülltes Leben.

Schon im Mätthäus-Evangelium lesen wir vom reichen Jüngling, der auf Jesus zutrat und fragte: »Meister, was soll ich tun, daß ich das ewige Leben möge haben?« Und er antwortete: »Was fragst du mich über das, was gut ist? Gut ist nur Einer. Willst du aber zum Leben eingehen, halte die Gebote!« Ja, das würde er tun, erwiderte der Reiche: »Was fehlt mir noch?« Jesus antwortete: »Willst du vollkommen sein, so gehe hin, verkaufe, was du hast, und gib's den Armen, so wirst du einen Schatz im Himmel haben; und komm und folge mir nach!« Der Reiche ging betrübt vondannen, denn er wollte sich nicht von seinen vielen Gütern trennen. »Jesus aber sprach zu seinen Jüngern: Wahrlich, ich sage euch: Ein Reicher wird schwer ins Himmelreich kommen. Und weiter sage ich euch: Es ist leichter, daß ein

Kamel durch ein Nadelöhr gehe, als daß ein Reicher ins Reich Gottes komme.« (Matthäus 19, 16–24)

Ich habe eine leise Hoffnung

Viele Leute meinen, daß ich aufgrund meines Engagements vieles in meinem Leben versäumt hätte. Ich glaube das nicht.

Ich war ein verwöhnter Junge aus gutem Hause und bin aus der deutschen Leistungsgesellschaft ausgetreten, soweit das überhaupt geht. Ich habe lange gebraucht, um mein eigenes Ich zu finden. Viele Männer und Frauen haben mein Leben verändert, nicht nur Christen, sondern auch viele Anhänger anderer Religionen, Nihilisten und Atheisten. Ich bleibe Christ und Sozialist.

Ich merke, daß es nicht leicht ist, die Fähigkeit aufzubringen, bewegende Erinnerungen aus 55 Jahren wiederzugeben. Es ist mir immer schwergefallen, ungeduldig zu denken und geduldig zu handeln. Ich bitte meine Freunde und Gegner für meine persönlichen Fehler und Fehlleistungen in meinem Leben um Entschuldigung. Noch heute benehme ich mich oft wie ein jugendlicher Hitzkopf, verbrenne mir lieber den Mund, als mir auf die Zunge zu beißen. Mit zunehmendem Alter spüre ich, daß ich oft zorniger werde darüber, daß die Generation meiner Kinder viele gemachte Fehler meiner Generation wiederholt, teilweise mit gleicher Brutalität.

Ich höre so viel lautes Schnarchen um mich herum, in der Kirche, in der Politik, in den Schulen. Ich will keine ausgefeilten Predigten halten, bei denen alle weiterpennen können. Ich will aus dem Schlaf des Ungerechten reißen, auf den Wecker gehen, Nervensäge sein. Günther Anders sagte einmal: »Ängstige deinen Nächsten wie dich selbst.« Ich bin der Meinung, daß dies ein radikales Gebot der Nächstenliebe ist. Wenn wir nicht den Gefahren, die uns drohen, ins Auge sehen, gibt es keine Hoffnung.

Ja, ich habe noch Hoffnung, eine leise. Viel habe ich in meinem Leben nicht erreicht. Zu 99 Prozent habe ich keinen Erfolg gehabt, aber dieses eine Prozent läßt mir keine Ruhe. Unruhe kann sehr produktiv sein, ein Segen.

Noch wenn ich tot bin, möchte ich ein Unruhestifter sein. Ich will bei meiner Beerdigung nicht irgendeinen christlichen Choral, der so oft bei Wehrmachtsgottesdiensten oder »Für Führer, Volk und Vaterland« gesungen wurde. Dann schon lieber das Lied der »Moorsoldaten«, »Yellow Submarine«, »Blowin' in the Wind«, Mozart, Bach oder ein kräftiges »Lobe den Herren«. Und ich wünsche mir einen Telefonanschluß im Sarg, am besten eine 0130-Nummer, wo der Anrufer nichts zahlen muß – Telekom soll's mir spendieren (habe es verdient: habe mehr Geld in meinem Leben für Telefon ausgegeben als für Speis und Trank) ... Auf meinem Grabstein möge die Nummer meines Anschlusses stehen und nicht ein »Ruhe sanft«. Ich wünsche mir nichts mehr, als noch nach meinem Tod Gottes Acker ein wenig umzupflügen, einen neuen Himmel zu sehen, eine neue Erde: »Gott wird abwischen alle Tränen von ihren Augen, und der Tod wird nicht mehr sein, noch Leid, noch Geschrei, noch Schmerz wird mehr sein, denn das Erste ist vergangen. Und der auf dem Thron saß, sprach: ›Siehe, ich mache alles neu!‹ Und er sprach zu mir: Schreibe, denn diese Worte sind wahrhaftig und gewiß!« (Offenbarung des Johannes 21,4–5) Zum Schluß ein alter irischer Abschieds- und Reisesegen:

Möge dein Weg dir freundlich entgegenkommen.
Möge die Sonne dein Gesicht erhellen.
Möge der Wind dir den Rücken stärken
und der Regen um dich her die Felder tränken.
Und bis wir zwei, du und ich, uns wiedersehen –
in dieser Welt oder in Gott –
halte er, der Gütige, dich in seiner Hand.

Gesegnete Unruhe!
Tschüs.
Hans A. de Boer, März 2000

Danksagung

Denken und Handeln dieser Menschen haben mich beim Schreiben dieses Buches begleitet:

Abbe Pierre, Paris; Theodor W. Adorno, Frankfurt; Pater Jean Bertrand Aristide, Haiti; Gottfried und Kristine Arlt, Halle; Louis Armstrong, USA; Aung San Suu Kyi, Birma/Myanmar; Mustafa Kemal Atatürk, Türkei; Stefan Aust, Hamburg;

Joan Baez, USA; Simone de Beauvoir, Paris; Peter Beier, Düsseldorf; Harry Belafonte, USA; Eduard Berger, Greifswald; Ingmar Bergman, Stockholm; Leonard Bernstein, USA; Joseph Beuys, Düsseldorf; Harald Bewersdorff, Düsseldorf; Wolf Biermann, Hamburg; Sir Rudolf Bing, USA; Ernst und Karola Bloch, Leipzig/Tübingen; Leonardo Boff, Brasilien; Bärbel Bohley, Berlin; Wolfgang Borchert, BRD; Frank und Ursula Borgstädt, Duisburg; Rut und Willy Brandt; Birgit und Thomas Brendel, Hoyerswerda; Joachim Briesemann, Potsdam; Christian und Regina Bunners, Berlin;

George Casalis, Paris; Daniel Cohn-Bendit, Paris/Frankfurt; Marie Curie, Paris;

Sir Ralph Dahrendorf, Oxford; Dalai Lama, Indien; Angela Davis, USA; Garry Davis, USA; James Dean, Paris; Christine und Christoph Demke, Magdeburg; Marlene Dietrich, Berlin; Friedrich Dissmann, Bielefeld; Friedrich Dürrenmatt, Schweiz; Freimut Duve, Hamburg;

die Edelweißpiraten, Köln; Duke Ellington, USA; Georg Elser, München; Axel Eggebrecht, BRD; Ida Ehre, Hamburg; Albert Einstein, USA; Klaus Engelhardt, Karlsruhe; Helmut, Felix, Gudrun und Ilse Ensslin, Stuttgart; Fritz Erler, Bonn;

Annemarie und Walter Fabian, Köln; Heino Falcke, Erfurt; Klara Marie Fassbinder, BRD; Eberhard Fechner, Hamburg; Eberhard und Karin Fichtner, Görlitz; Pavel Filipi, Prag; Ulrich Finckh, Bremen; Joschka Fischer, Frankfurt; Annette und Stephan Flade, Potsdam; Beatrix und Gottfried Forck, Berlin; Viktor E. Frankl, Wien; Leonore Frester, Göttingen; Erich Fried, London; Max Frisch, Schweiz; Jürgen Fuchs, Berlin; Liselotte Funcke, Bonn;

Eduardo Galeano, Uruguay; Gabriel Garcia Marquez, Kolumbien; Art Garfunkel, USA; Joachim Garstecki, Frankfurt; Joachim Gauck, Rostock; Bob Geldorf; Kurt Gerstein; Andre Gide, Paris; Ralph Giordano, Köln; Allen Ginsburg, USA; Michail Gorbatschow, Moskau; Herbert Grönemeyer; Heinrich Grüber, Berlin; Chris Gueffroy, Berliner Mauer; Dieter Gütt, Köln; Ernesto Che Guevarra, Havanna;

Dolly Haas, Hamburg; Ernst und Sigrid Hehl, Stadtbergen; Jimmy Hendrix, USA; Woody Herman, USA; Hermann Hesse; Hansgünther Heyme, Recklinghausen; Heinz Hildebrandt, Magdeburg; Regine Hildebrandt, Potsdam; Ilse und Werner Hilse, Berlin; Carl-Dieter und Maria Hinnenberg, Duisburg; Rolf Hochhuth, Basel; Reinhard und Renate Höppner, Magdeburg; Elfriede und Rodelind Holste, Bremen; Max Horkheimer, BRD; Dora Hube, Magdeburg; Wolfgang Huber, Berlin;

Hans Joachim Iwand, Bonn;

Walter Janka, Berlin; Gisela und Hermann Jansen, Duisburg; Inge und Walter Jens, Tübingen; Hans Jürgen Josten, Dinslaken;

Elisabeth Käsemann, Buenos Aires; Franz Kamphaus, Limburg; Ludwig Kaufmann, Schweiz; Danny Kaye, USA; Sören Kierkegaard, Dänemark; Eberhard Klages, Berlin; Beate Klarsfeld, Frankreich; Manfred und Gisela Kock, Köln; Ingrid Köppe, Bonn; Heinrich Köppler, Düsseldorf; Maximilian Kolbe, Polen; Lew Kopelew, Köln; Janusz Korczak, Polen; Gerhard und Ruth Koslowsky, Düsseldorf/Washington; Hans Krech, Eisenach; Bruno Kreisky, Wien; Ilse und Volker Kress, Dresden; Andreas und Uta Krusche, Schneeberg/Sachsen; Martin Kruse, Berlin; Heinz Kühn, Düsseldorf; Chandrika Kumaratunga-Bandaranaike, Sri Lanka; Reiner Kunze, BRD; Mutter Gertrud Kurz, Bern;

Felicia Langer, Tübingen; Halldor Laxness, Island; Karl Lehmann, Mainz; Jeshaja Leibowitz, Israel; Jack Lemon, USA; Sabine Leutheusser-Schnarrenberger, Berlin; Natal Peter Levinson, Heidelberg; Erich Loest, Leipzig; Aloisio Lorscheider, Brasilien;

Klaus und Thomas Mann, USA; Herbert Marcuse, USA; Regine Marquardt, Schwerin; Kurt Marti, Schweiz; Karl Marx, London; Markus Meckel, Prenzlau-Templin; Melina Mercouri, Athen; Max-Josef Metzger, BRD; Karl und Ursel Metzner, Erfurt; Inge Meysel, Hamburg; Bärbel und Heinrich Michaelis, Kahla; Christine und Martin Michaelis, Altenburg; Bischof Rüdiger Minor, Berlin; Alexander und Margarete Mitscherlich, Frankfurt; Danielle Mitterand, Paris; Marilyn Monroe, USA; Jim Morrison, Paris; Ed Morrow, New York; Wolfgang Amadeus Mozart; Justine M'Poyo Kasa Wubu, Zaire; Kerstin Müller, Berlin;

Oswald v. Nell-Breuning, BRD; Rupert Neudeck, Troisdorf; Wolfgang Niedecken, Köln; Folker und Helga Nießalla, Duisburg; Gisela und Kurt Nowak, Leipzig; Franz Nuscheler, Duisburg;

Sinead O'Connor; Kenzaburo Oe, Japan; Peter v. Oertzen, Hannover; Benno Ohnesorg, Berlin; Jaroslav Ondra, Prag; Milan Opocensky, Prag; J. Robert Oppenheimer, USA; George Orwell; Carl v. Ossietzky;

Jan Pallach, Prag-Wenzelsplatz; Pier Paolo Pasolini, Rom; Siegfried Peikert, Berlin; Claus Peymann, Wien; Friedbert Pflüger, Berlin; Georg Picht, Heidelberg; Ingrid und Siegfried Plath, Greifswald; Diether Posser, Essen; Helmut Prieß, Swisttal;

Karl-Klaus Rabe, Göttingen; Heinrich und Marianne Rathke, Schwerin; Elisabeth und Konrad Raiser, Genf; Jan-Philipp Reemtsma, Hamburg; Rio Reiser, BRD; Jürgen Regul, Düsseldorf; Christa und Reinhardt Richter, Cottbus;

Joachim Rogge, Görlitz; Rolf Rosenfeldt, Berlin; Philip Rosenthal, Selb; Lea Rosh, Hannover; Claudia Roth, Berlin;

Christian Sandner, Duisburg; Wolfgang Scheibner, Dresden; Walter Schilling, Braunsdorf; Oskar Schindler, Argentinien; Annette, Wilhelm und Ute Schlemmer, Freiberg/Sachsen; Elmar Schmähling, BRD; Cornelia Schmalz-Jacobsen, Bonn; Werner Schmauch, Greifswald; Karlfranz Schmitt-Wittmark, Berlin; Jürgen Schmude, Moers; Siegfried Schmutzler, Leipzig; Jürgen Schulz, München; Alexander Solschenizyn, Moskau; Friedrich Schorlemmer, Wittenberg; Richard Schröder, Berlin; Eckhard Schülzgen, Treptow; Andrea Schütz, München; General Schukow, Moskau; Kurt Schumacher, Bonn; Stefan Schwarz, Bonn; Pete Seeger, USA; Johannes Mario Simmel, Schweiz; Paul Simon, USA; Teddy Stauffer, USA; Christoph und Gabriele Stier, Schwerin; Martin Stöhr, Bad Vilbel; Elise von Stryk und weitere evangelische Frauen im Widerstand gegen Hitler; Bertha v. Suttner;

Rabindranath Tagore, Indien; Wolfgang Thierse, Berlin; Stephanie Thuis, Berlin; Paul Tillich, New York; Heinz-Josef Tillmann, Duisburg; Jürgen Trittin, Göttingen; Georg Stefan Troller, Paris; Hans-Jochen Tschiche, Magdeburg; Kurt Tucholsky;

Wolfgang Ullmann, Berli;

Klaus Vack, Sensbachtal; Antje Vollmer, Berlin; Wolfram Walbrach, Düsseldorf; Günter Wallraff, Köln; Martin Walser, Schweiz; Christian Weber, Potsdam; Konstantin Wekker, München; Bettina Wegner, Berlin; Konrad Weiß, Berlin; Helene Wessel, Bonn; Heidemarie Wieczorek-Zeul, Wiesbaden; Elie Wiesel, Boston; Terry White, England; Vera Wollenberger, Berlin;

Martin Ziegler, Bernau; Christoph Ziemer, Dresden; Jörg Zink, Stuttgart; Hildegard Zumach, Bergisch-Gladbach

(weitere Namen sind in meinen vier bereits erschienenen Büchern erwähnt)

Hans A. de Boer: Unterwegs erfahren – Notizen aus drei Kontinenten. Mit einem Vorwort von Helmut Gollwitzer. 8. Auflage. Wuppertal 1989. 12,80 DM.

Hans A. de Boer: Entscheidung für die Hoffnung – Auf den Spuren der Veränderung in Lateinamerika und Afrika. Mit einem Vorwort von Erhard Eppler. 3. Auflage. Wuppertal 1994. 12,80 DM.

»Ich empfehle dieses Buch, weil hier eine erstaunliche Verbindung zu finden ist zwischen sehr persönlichem Erleben, menschlicher Betroffenheit und Trauer, präziser Information und moralischem Aufschrei. Wenn ich von einer Verbindung spreche, dann meine ich kein beziehungsloses Nebeneinander, Empörung und Trauer werden verständlich aus Erleben und Information. Hans de Boer hat sich schrecklichen Erfahrungen ausgesetzt, sich um Informationen bemüht, die solche Eindrücke erst verständlich machen, um uns aufzurütteln . . .« (Erhard Eppler)

»Dieser Mann hat Bestseller über die Dritte Welt geschrieben, als es beide Begriffe im allgemeinen Sprachgebrauch noch gar nicht gab . . . eine Pflichtlektüre für all diejenigen, die sich mit den Problemen Afrikas, Asiens und Lateinamerikas auseinandersetzen . . . de Boer, einer aus der ersten Garnitur der Dritte-Welt-Publizisten . . .« (Klaus Pokatzky in: Frankfurter Rundschau)

»De Boer hat, wie nicht anders zu erwarten, bei seiner Rückkehr in die Bundesrepublik eine Art Kulturschock erlitten: die Anbetung von Wohlstand und Reichtum . . . die provinzielle Ahnungslosigkeit über das, was in der Welt wirklich vor sich geht . . .« (Dorothee Sölle im Norddeutschen Rundfunk)

Unbeirrbar – Lebensbilder von Frauen und Männern des 20. Jahrhunderts. Herausgegeben von Dietrich Steinwede und Renate Schupp. Mit 120 Fotos. 2. Auflage. Lahr 1992

In diesem Buch werden 29 Menschen vorgestellt, die sich nicht bequem anpaßten, sondern an ihrem Platz und mit ihren Mitteln Widerstand leisteten gegen Ungerechtigkeit und Unterdrückung, Lieblosigkeit und Gewalt. Porträts von Heinrich Albertz, Karl Barth, Hans A. de Boer, Dietrich Bonhoeffer, Ernesto Cardenal, Hildegard Hamm-Brücher, Gustav Heinemann, Richard von Weizsäcker und vielen anderen mehr.

Diese drei Bücher sind erhältlich beim Buch- und Medienvertrieb, Schülkestraße 3, D-42277 Wuppertal, Telefon (02 02) 66 51 86, Telefax (02 02) 64 43 45

Rigoberta Menchú
in Zusammenarbeit mit Dante Liano und Gianni Minà
Rigoberta: Enkelin der Maya
Autobiografie

Mit einem Vorwort von Eduardo Galeano
Aus dem Spanischen von Werner Horch

Guatemala, das Land südlich Mexikos, aus dem Rigoberta Menchú stammt, liegt im Zentrum des indianischen Amerika. Noch heute bilden die Ureinwohner, die Maya, hier die Bevölkerungsmehrheit.

Guatemala hat 34 Jahre Krieg hinter sich, 34 Jahre Blutvergießen und Leid von Müttern, Witwen und Kindern. Es wurde ein regelrechter Krieg gegen die Armen geführt. Die Armee praktizierte eine Politik der verbrannten Erde. 150 000 Menschen starben, 50 000 verschwanden spurlos, eine Million mußte fliehen, 200 000 Kinder wurden zu Waisen, 40 000 Frauen zu Witwen.

»Rigoberta stammt aus einer Familie, die vernichtet wurde, aus einem Dorf, das dem Erdboden gleichgemacht wurde, aus einem Gedächtnis, das verbrannt wurde. Die ersten zwanzig Jahre ihres Lebens verbrachte sie damit, die Augen der Toten zu schließen, die ihr die Augen öffneten.« (Eduardo Galeano)

Rigoberta Menchú selbst mußte viele Jahre im Exil in Mexiko verbringen. 1982 kam sie erstmals mit einer Delegation der Bauerngewerkschaft CUC nach Europa, um über die Situation in ihrem Heimatland zu berichten.

Rigoberta Menchú ist es gelungen, die Weltöffentlichkeit auf das Schicksal ihres Volkes, ihres Landes aufmerksam zu machen. Seit vielen, vielen Jahren prangert sie unermüdlich Menschenrechtsverletzungen an, setzt sie sich für die Rechte der indigenen Völker ein. »Obwohl ein weiteres Jahrtausend zu Ende gegangen ist, ohne ein Ende der schlimmen und systematischen Rechtsverletzungen an den indigenen Völkern, geben wir weder die Hoffnung noch unseren Kampf auf, um die gesellschaftlichen Beziehungen auf eine neue Grundlage zu stellen, basierend auf Gerechtigkeit, Gleichheit und der gegenseitigen Achtung unserer Völker und Kulturen.«

Ein Buch aus dem Lamuv Verlag